AF495447

RELATIONS

DES PERES LOYS FROES, ET NICOLAS PIMENTA de la compagnie de IESVS.

AV R. P. CLAVDE AQVAVIVA *General de la mesme Compagnie.*

Concernant l'accroissement de la foy Chrestienne au Iappon & autres contrées des Indes Orientales és années 1596. & 1599.

Traduittes du Latin imprimé à Rome.

A LYON,
PAR IEAN PILLEHOTTE,
à l'enseigne du nom de IESVS.

M. DCII.

APPROBATION DV Maiſtre du ſacré Palais.

PAR commiſſion & mandement de Monſeigneur & Reuerendiſſime pere en Dieu le Maiſtre du ſacré palais, ie Nicolas Cafran ay leu d'vn bout à l'autre cette epiſtre du R. P. Nicolas Pimente, auec les copies y inſerées. Et pource qu'elle ne contient ſinon le progres & eſperance de la religion Chreſtienne ez Royaumes de l'Inde Orientale, & vn narré de leur eſtat ſans auoir rien qui contrarie à la ſaincte foy, & bonnes mœurs, i'eſtime qu'elle ſe pourra vtilement imprimer. En foy de quoy me ſuis ſouſſigné ce 3. Ianuier 1061.

Qu'elle ſoit imprimée s'il plaiſt au R. P. le Maiſtre du ſacré palais, B. GYPSIVS. *Pour le Vicegerant.*

Qu'elle ſoit imprimée.

Fr. ANGE Baron Venitien le maiſtre, & compagnon du Reuerend. Maiſtre du ſacré Palais.

AV LECTEVR, SALVT.

CHRESTIEN & amy Lecteur, Nous desroberions voyrement en sacrileges le tien, abandonnerions laschement le bien commun de nostre mere l'Eglise, & trahirions ingratement l'honneur de nostre Dieu; Si ce qui plaist à sa bonté Diuine de merueilleusement ouurer en nos iours ez nouuelles Indes, nous ne te le denoncions & publions. Car ce n'est pas seulement pour esclairer la nuict ou gisent les pauures Idolatres, que nostre bon Seigneur fait maintenant leuer le Soleil de sa foy, & vray culte, en ces quartiers là tant esloignez: C'est encores pour en donner vn' aube de resiouïssance à nos terres; C'est pour en toutes pars feliciter l'Eglise son espouse de sa perpetuelle fecondité & gloire; Pour tousiours à tout le monde se monstrer Grand Pere & munifique pouruoyeur de ses creatures: pour arborer haut l'estendart d'esperance, & animer les cœurs de tous ses vaillans soldats: pour euidemment tesmoigner à vn chacun de ses bons seruiteurs que leurs tant affectionnez vœux, leurs si ardantes prieres de voir le nom & gloire de *sa puissance, dominer en toutes nations, ne s'esuanouissent en l'air vainement : ains que ioyeux & consolez, ez trauaux & bon-heur d'autruy ils recognoissent encore leur bonne part du gain & lot du merite. Partant ces causes icy considerées, amy Lecteur, nous auons donné port & son françois à ces nouuelles du Christianisme naissant aux Indes Orientales; mais abbregeant vn peu en aucunes parts, à fin que les plus afferez en eussent encores la plenitude du contentement, plenitude laquelle nous te desirons de tout nostre cœur à iamais. A Dieu.*

LETTRES DV IAPPON DE L'AN M. D. XCVI.

Escrites par le P. Loys Froës, au R. P. CLAVDE AQVAVIVA General de la Compagnie de IESVS.

MON Reuerend Pere en nostre Seigneur, S'il a pleu à Dieu le Createur, de conduire à bon port celles qu'on vous escriuit l'année passée mil cinq cens quatre vingts & quinze, vostre Paternité aura peu clairemẽt entendre l'estat auquel se trouuent à present les affaires de la Chrestienté au Iapon, tant pour le particulier de noz colleges, residences & missions, que pour la cõuersion des Gentils qui à esté beaucoup plus grãde que nous n'eussions osé nous promettre. Nous touchames aussi en passant la grande reuolution aduenuë pardeça, la mort d'vne infinité de noblesse, & la calamité à laquelle ce climat semble estre fort subject. Depuis Taicosanna seigneur absolu du Iappon, a par son industrie & prudence si dextrement manié tout ce qui concerne l'estat, que la paix & repos est par tout comme deuant. La noblesse va de iour en iour donnant plus de credit à nostre saincte foy. Ce que nous tenons pour vn singulier traict de la prouidence diuine. Car les grands se rangeans à la foy, les autres s'y accommoderont bien aysement. C'est vn fruit des frequens sacrifices & oraisons que vostre paternité faict offrir à Dieu pour ceste nouuelle Eglise du Iappon.

Nous sommes à present en ces quartiers cent trente & quatre personnes, sçauoir est quarante & six prestres, & quatre vingts & huict freres: quinze desquels furent admis l'année passée, & sont maintenant au seminaire. Tout ce nombre est espars & diuisé par les Colleges & residences, ainsi que nous escriuimes l'an passé. Il n'en y auoit pour lors qu'en dix & neuf lieux, nous auons ceste année dressé le dixieme à Ozaca, y acheptant vne maison, ou se tiennent ordinairement vn Pere & vn frere, tant pour le secours des Chrestiens dudit lieu, que pour satisfaire à la noblesse qui accourt de tous costés pour se faire instruire. Nous esperons aussi receuoir bientost vne autre residence à Bungo, comme nous dirons cy apres en son lieu.

Quant à la santé, nous l'auons par la grace & à la gloire de Dieu euë tresbonne, tant pour l'air du Iappon, qui est tres salubre, comme pour noz exercices ordinaires, qui ne nous permettent de sentir noz douleurs. Nous auons bien quelques bons vieillards fort cassés, & subiects à plusieurs indispositions assés fascheuses, & acquises par les longs & durs trauaux jà soufferts, si ne cessent ilz de s'occuper tousiours à instruire les Chrestiens qui leur

sont

ſont commis.

Il a pleu à Dieu noſtre Seigneur conduire à bon port la Nauire qui portoit Don Pierre Martinez premier Eueſque du Iappon, fort deſiré tant des noſtres, comme de tous les Chreſtiens. Il a mené auec ſoy cinq des noſtres retournans de la Chine, où ils eſtoient allez prendre les Ordres, auec vn autre Pere. La nauire ayant ietté l'ancre pres de ce port, le trezieme iour d'Aouſt, le P. Viceprouincial fut ſoubdain faire la reuerence à l'Eueſque, auec quelques vns de noz peres, & le lendemain auec plus grand nombre de Peres & freres, pour le conduire en terre. Pluſieurs batteaus tant des Chreſtiẽs du païs, comme des Portugais, le ſuyuirent, pour faire honneur à leur Prelat. Arriué qu'il fut au port le Clergé luy alla au deuant auec les Croix, bannieres, & chappes ſelon la couſtume, & le conduiſirent ainſi iuſques à l'Egliſe. C'eſt vn digne perſonnage, ancien en noſtre Compagnie, fort religieux, & vrayement homme Apoſtolique. Sa modeſtie donna beaucoup d'edification à tous ceux qui le virent, & remarquerent particulierement ſa pauureté & grauité. Il logea en ceſte maiſon de Nangaſaqui, ſe monſtrant fort familier à tous. Les Recteurs & Superieurs des Colleges, du ſeminaire, de la maiſon de probation, & des reſidences, vindrent l'vn apres l'autre ſuyuant l'ordre qu'on leur auoit donné, pour receuoir ſa benediction, & luy congratuler pour ſa bien-venuë. Autant en firent les Chreſtiens venans les vns en propre perſonne, les autres enuoyans leurs deputés auec force preſens, à la mode du païs.

Tous noz Peres furent grandement edifiés de ce que le Reuerendissime Euesque parlant au P. Vice-prouincial du Iappon, c'est le P. Pierre Gomez, luy dit entre autres choses. I'ay esté vostre disciple au commencement de mes estudes, & desire que soyés encore mon maistre ez affaires du Iappon, & en la charge qu'il a pleu à Dieu m'y donner. Car ne sçachant la langue naturelle du païs, & n'estant fait aux mœurs & humeurs de ce peuple, ie ne vois qui me puisse mieux guider que vous, ou ceux que vous iugerez propres. Le P. Vice-Prouincial luy offrit tout seruice, & quand & quand luy donna vn de noz Peres, & deux de noz freres pour compagnons qu'il iugea les plus idoines pour soulager Monsieur l'Euesque en sa charge. Il luy presenta encore vn autre Pere, mais l'Euesque ne le voulut accepter, disant que nostre compagnie auoit besoin de ses ouuriers pour recueillir ceste belle moisson qui se prepare de tous costez. Sa Seigneurie se contente fort, & du bon traictemẽt que nous luy faisons, & de l'air de ce païs, à la faueur duquel il a jà recouuert vne bonne partie des forces perdues en ceste longue infirmité qu'il eut à Macao.

Le nõbre des personnes aagées que nous auons baptizé depuis la fin de Septembre quatre vingts quinze, iusques à la fin du Septembre de l'an quatre vingts seize, sans comprendre les enfans des Chrestiens qu'on baptize d'heure en heure, monte à huict mille & douze. Nous auons confessé par tout le Iappon soixãte huict mille huict cens & sept personnes ceste année.

Ce qui me semble pouuoir causer plus de ioye

&

& contentement à noz Peres & freres tant en Europe, qu'ez quartiers d'Orient, & que depuis qu'on a commencé à prescher l'Euangile pardeça, on ne veid tant de noblesse se côuertir, particulierement aux enuirons de Meaco, qui est le meilleur endroit de tous ces païs. Nous ne nommerons toutesfois personne de peur de nuire à quelqu'vn, à cause que le Souuerain du Iappon est Payen, & ne préd beaucoup de plaisir à veoir l'aduãcement de nostre saincte Foy, ni ceux qui la maintiennent. Voyla ce qui touche en general le Iappon, nous parlerons desormais en particulier des Missions, & autres choses faictes & aduenuës en diuers lieux.

On a par deux diuerses fois enuoyé vn Pere & vn frere à Nangoïa, qui est au royaume de Figen, où Taïco fit bastir vne fort somptueuse & magnifique Citadelle, lors qu'il pensoit aller en personne au Corai, & en son absence dõna le gouuernemẽt de tout ce païs là, à Ximano, lequel est encore gouuerneur de Nangasaqui. Durant le peu de temps que le Pere seiourna à Nangoïa, plusieurs payens l'allerent trouuer pour ouïr la parolle de Dieu; si bien qu'il en baptiza iusques à cinquante. Les Chrestiens de Facata, & lieux circonuoisins ayans ouy qu'il estoit là, le furent aussi trouuer pour se confesser, & apprendre tousiours quelque chose pour leur instruction. Ils ont sur tout grande deuotion au Sacrement de penitence, & le frequentent fort volontiers.

Augustin Cuno Camidono qui est à present la principale colomne de la chrestienté en ces quartiers du Iappon, fut aussi trouuer le Pere à Nãgoïa,

& passa la plus part de la nuict à discourir premierement auec le Pere, & puis auec nostre frere Martin, qui est vn des quatre qui allerent à Rome. Leurs discours furent fort longs & tres beaus, i'en toucheray seulement trois petits poincts. Pour le premier il disoit. Ie sçay bien que plusieurs voyans comme i'ay faict instance aux Peres de se retirer de mes terres, & ne faire pour le present tant paroistre le zele qu'ilz ont à la conuersion des ames, penseront que ce soit en moy-mesme faulte de zele à l'honneur de Dieu, mais ie vous asseure que c'est tout le contraire. Car ie cognois tres-bien le naturel de Taïco, & sçay que d'autant que les Peres s'humilient plus, d'autant se rendent ilz plus aptes à mettre en execution ce qu'ils pretendent. C'est pourquoy ie me suis vn peu monstré rigoureux à l'exterieur, mais Dieu sçait que ie ne pretends rien que son seruice, le bien de vostre compagnie, & salut des ames. Pour le second il dit. Ie suis occupé en tant d'affaires, si diuers & fascheus, que quand on me donne vn peu de treues, & que i'ay moyen d'ouurir mon cœur deuant Dieu, ie ne desire rien tant que d'en estre du tout depetré, & obtenir pour le moins vn an auant ma mort, pour me donner du tout au seruice de sa majesté diuine, & à ce qui concerne mon salut, selon ma foy. Ie voudrois bien pouuoir faire publier & prescher la Loy Euangelique par tous les royaumes du Iappon, mais puis que le têps ne me le permet, ie vous proteste bien au moins que ie desire faire bastir bon nombre d'Eglises ez terres de ma Iurisdiction, de procurer que tous mes vassaux se fassent Chrestiens, & que le seruice

uice de Dieu soit aussi bien faict pardeça, comme il est en Europe. Ie me resiouis fort de voir que tous les habitans d'Omura, Arima, Omocusa, Somoto, Cozzura, Xiqui & Ojano lieux de mon obeissance, sont Chrestiens. Quant au Commandeur de Firando, iaçoit qu'il soit Payen, i'espere qu'en brief il remettra son estat à son filz, lequel est bien encore infidele, mais Madame Mentia sa femme, fille de Don Barthelemy, estant Chrestienne, le reduira bien tost à la foy. Pour les Isles de Goto, depuis que le Tono qui estoit Payen mourut à Corai, Taïco me permit d'y mettre tel Gouuerneur que bon me sembleroit. Ie les ay mises ez mains d'vn bon seigneur du païs, lequel en recognoissance du bien & honneur que ie luy ay fait, se mettra bien en deuoir de faire prescher le sainct Euangile par tous ces quartiers là. Pour le troisiéme & dernier poinct, il dict. Ie sçay bien que nostre bon Dieu n'a pas enuoyé la lumiere de sa foy au Iappon, pour luire seulement éz lieux, où elle s'est iusques à present faicte cognoistre, ains pour s'estendre par tout: ce qu'elle fera dans peu de temps, selon l'ordonnance du Ciel, & auec l'ayde qu'y apporteront les Seigneurs qui cognoistront la verité. Mais parce que ie ne puis tousiours viure, ni me trouuer pour auoir part à leurs merites, ie desire bien faire tout ce qui me sera possible durant ceste vie, affin que ce peu d'affection me serue cõme d'vne torche que ie porteray deuant moy partant de ce monde.

C'est à la verité vn bon Seigneur & fort adonné à bien faire, particulieremẽt à nous secourir de plusieurs aumosnes, quoy q̃ pour auoir manié les finances durant la guerre de Corai, il se soit fort engagé

De deux Peres & deux freres enuoyés par deux fois au Royaume de Bungo.

ON enuoya l'an passé au royaume de Bungo vn Pere & vn frere, lesquels poursuyuant leur chemin, visiterent les Chrestiens d'Amangueci, & autres diuers endroits. Nous escriuimes pour lors bien au long, ce qui s'estoit pasé en ce voyage, & particulieremẽt comme le Pere fut iusques à Facata ; où il tomba malade, & se veid en grand danger de mourir d'vn flux de sang, causé par les excessifs trauaux qu'il souffrit en ce voyage, & pour l'incõmodité du lieu où il fut surprins de ce mal, depourueu de tous moyens & remedes humains qui l'eusent peu ayder ou soulager en ce peril. Dequoy aduerti le. P. Vis-Prouincial, luy enuoya soudain vn autre prestre pour l'assister, & vn Medecin pour le penser. Il fut si biẽ secouru, qu'il recouura sa santé, & s'en reuint en ce Royaume de Figen.

Mais parce que les Chrestiens du Royaume de Bungo, se trouuoyent en grãde disette de pasteurs & docteurs de leur salut, pour entretenir ce qu'auec si grand labeur noz Peres y auoient planté, ceste année mil cinq cens quatre vingts & seize, y furent enuoyés deux Peres, auec deux freres pour leurs compagnons, lesquelz à chasque fois qu'ilz y arriuerent, se dispersans par diuers quartiers du Royaume, s'employerent fort soigneusement à la reformation des meurs de ces nouueaux Chrestiens, qui en furent extrememẽt consolés, & monstrerent vne indicible allegresse & ferueur, accourans

rans à la frequentation des Saincts Sacremens, & particulierement de la Confession.

En vn certain bourg composé moitié de chrestiens, moitié de payens, fut trouuée vne famille toute de payens, le pere & chef de laquelle auoit vne fille aagée seulemẽt de huict ans. Ceste fillette de son plein gré, sans estre induitte ni persuadée de personne, s'en alla vers vn fort honneste Chrestien, le suppliant de la mener à l'Eglise où le Pere instruisoit les autres; parce qu'elle desiroit fort voir la façon qu'on y tenoit, & sçauoir ce qu'on y disoit. Le Chrestien refusa du commencement d'accorder ceste requeste à la fille, sçachant q̃ tous ses parens estoient payens, & ne luy voulut permettre sans auoir parlé à son pere, lequel luy permit librement de la mener. Conduisés l'y (dit il) à la bonne heure. La fille ayant esté par plusieurs fois à l'Eglise, s'affectiõna tãt à ce qu'elle y voyoit & oyoit, qu'elle resolut de se faire Chrestienne. Celuy qui la conduisoit en aduertit le pere, lequel estant naturellement assés homme de bien, respondit, Qu'elle fasse à sa mode Pour moy ie ne l'empescheray point. Si elle veut estre Chrestienne, à sa discretion. Auec ceste permission de son pere, la fille fut instruite, se fit baptizer, & retournant au logis le dit clairement à ses pere & mere.

Au mesme logis se tenoit vn Bonze de la secte d'Amida, lequel suyuant les loix de cette maudicte secte, passoit la plus part des nuicts à inuoquer le nom d'Amida, sonnant vne espece de clochette qu'il portoit pendüe à son col. La fille poussée de la nouuelle grace qu'elle auoit receu au Sainct Baptesme, s'addressa vn soir à ce Bonze qui estoit son oncle l'ayant ouy sonner sa clochette, & luy dit haut & clair. Vous sçaués biẽ que ie suis Chrestienne, & que les peres qui nous instruisent, detestent ces ceremonies diaboliques, ie vous prie ne sonner plus, ni faire ceans chose semblable. Si vous ne voulés desister dez maintenant, sonnés hardimẽt pour cette nuict, mais sçachés que vous n'y rentrerés plus. Le Bõze respõdit puis que vous estes Chrestienne, & ne prenés plus de plaisir à ces choses, ie vous promets que ie ne sonneray plus. Ce qu'ayant dit, il se retira ailleurs. Les parens de la fille, voyans sa modestie, diligence & deuotion, en furent si ayses, qu'ilz eurẽt tous deux desir de se faire Chrestiẽs, furẽt instruits, & baptizés. La fille eut bien tost apprins le catechisme, & prieres ordinaires, lesquelles elle enseignoit priuement à ses pere & mere, leur seruant de maistresse. Quelques mois apres noz peres passans par le mesme lieu, trouuerent le Bonze oncle de la susditte fille, jà conuerti, & le baptizerent.

En vn certain lieu nommé Taquemia, vne pauure personne possedée du diable, eut recours à vn bon Chrestien, lequel à force de prieres, disciplines, & autres deuotiõs, ayant pendu son reliquaire au col de la patiente, chassa le malin esprit.

En diuers lieux du Royaume de Bungo, où il y auoit des possedés, les Chrestiens s'assembloyẽt, & disant à haulte voix le *Pater noster* & l'*Aue Maria* chassoyent bien souuẽt les diables, & guerissoient les pauures possedés. Dequoy les payens s'estonnoyent

noyent grandemant, & conceuoyent vne grande opinion de nostre Saincte foy. Il s'en trouua plusieurs qui se firent Chrestiens, pource que durant leur infidelité, le diable leur apparoissoit souuent en diuerses, horribles & espouuantables figures, qui les faisoient trembler de peur.

Il y auoit à Notru quelques Chrestiens fort tiedes & nonchalans, qui ne se vouloyent renger à bien faire, & ne tenoient compte des bonnes exhortations que leur faisoient les autres. Ilz veirent deux ou trois fois de nuict vn horible fantosme qui portoit vn corps mort sur ses espaules. Ce qui les effraye tellement qu'ils coururẽt soubdain vers le Pere, luy racompterent ce qu'ils auoient veu, se confesserent, & de là en auant furent plus feruens en la foy.

Leon de Notru a dez le commencement de sa cõuersion esté le ferme pilier & protecteur des Chrestiens, non seulemẽt du lieu où il fait sa residence, ains des circõuoisins de tous ces quartiers, qui en leurs necessités recourent à luy, cõme leur pere. Il est si entier & syncere en toutes ses actiõs, que les payens mesmes, seruiteurs de Taïco, qui ont la surintendence de ces quartiers là, luy fient tout le reuenu de leur maistre qu'ils leuent en ces païs, l'ayment & cherissent grandement pour sa vertu. Il auoit à ses despens basti trois Eglises, qui furent toutes bruslées durant les dernieres guerres de Bungo: maintenant aagé de soixante & dix ans, comme il est, il trauaille neantmoins sans cesse à faire amas de pierre, bois & autres prouisions pour bastir vne quatrieme Eglise, plus capable

pable que toutes les autres. Vn des deux Peres passa les festes de Pasques chez luy, & veid comme ce bon vieillard pour preuue du desir qu'il a de voir bien tost tous ses voisins Chrestiens, festoya le propre iour de Pasques à disner, 400. personnes.

Vn des Peres demeurant auec son compagnon à Corai, rencontra vn Bonze, natif de Bũgo, nommé Toqui Ieda, noble de race, & tenant rang comme de prestre, qu'ils appellent Cananusci, en vn des plus beaux Temples des Cami, dit Vsanonia. Cettuy cy pour estre docte à leur mode, & bien versé ez traditions de sa secte, disputa si long temps auec le susdit Pere & son compagnon, que conuaincu par l'efficace des raisons qu'on luy mit en auant, & comprenant bien les articles de nostre foy, il se rendit & fit Chrestien. Quelques iours apres le compagnõ du Pere repassant par Bungo, ce iadis Bõze le pria fort de seiourner là quelques iours, pour instruire sa famille en la foy Catholique. Nostre frere leur prescha, & quelques mois apres la femme du Bonze fut baptizée auec autres vingt personnes.

Depuis le mesme Bonze sçachant qu'vn de noz Peres preschoit à sept ou huict lieuës de sa maisõ, s'en y alla, & mena toute sa famille pour veoir & ouir les predications du Pere qui traictoit pour lors de la Confession. La vertu de laquelle admirant ce Bonze & sa famille, se confesserent tous, iaçoit qu'il n'y eut que quatre mois qu'ilz auoient esté baptizés. Outre sa famille, il auoit mené vn grand nombre de gens qu'il auoit bien instruits & catechizés chés soy, quarante desquels furent baptizés.

baptizés. Il assistoit à tous les sermons, & mesme à ceux que le Pere faisoit particulierement aux plus anciens Chrestiens, en l'vn desquelz l'ayant ouy discourir du tres-sainct Sacremẽt de l'Eucharistie, il demanda fort humblement d'estre admis à la Saincte communion. Le Pere luy respondit que ce seroit trop tost, y ayant bien peu de temps qu'il auoit esté baptizé. Le Bonze repliqua. Ie desirerois bien sçauoir, mon Pere, ce qui me manque, ou empesche que ie ne puisse communier. Car i'entends & sçay bien tout ce que vous m'aués apprins: Ie croy fermement tout le mystere de ce tres-auguste Sacrement: Ie desire infiniment de le receuoir, parce qu'estant Chrestien, ie voudrois estre bon & parfaict.

En la cité de Funai au Royaume de Bungo, demeuroit vn pauure Chrestien, seruiteur d'vn payen, chez lequel se voyant malade à la mort, & entendant qu'il y auoit vn de noz peres à Facata, trois lieuës loing de Funai, il enuoya vers luy vn autre Chrestien, le priant de luy vouloir assister à ce dernier pas, & donnant expresse charge à ce messager de dire ces mots au Pere. S'il me trouue en resuerie ou frenesie quand il arriuera, ie proteste dez à present que ie veux mourir en bon Catholique. Le Pere ayant receu ceste nouuelle, se mit soudain en chemin, & arriuant à Funai trouua ce pauure homme dans vne chambrette longue huict pieds, large quatre, ou il le confessa & consola en presence de son maistre lequel tout payen qu'il estoit, s'estonna grandement de deux choses. La premiere estoit que le Pere fut venu de si loing, en temps si pluuieux, & auec telle diligence pour le seruice de son valet, L'autre fut que le malade auoit perdu la parole, & ne disoit mot auãt la venuë du Pere, mais soudain qu'il le veid, il commença à bien parler, & se confesser. Ce que le payen estimoit comme vn miracle. Deux ou trois iours apres ce pauure hõme rendit son ame à Dieu le createur, n'ayant, comme il parut, vescu ces deux ou trois iours, que pour se cõfessant receuoir la plus grande consolation qu'il desiroit en ce monde.

En Bungo demeuroit vn Gentilhõme Chrestien nommé Munacata, le filz duquel quoy que payen, auoit espousé vne des deux filles du feu Roy François appellée Monique: laquelle comme Chrestienne, & fille d'vn pere tant Catholique & vertueux, endura l'espace de quelques années, vne infinité de trauerses & affrõs que luy faisoit son propre mari, s'adonnant dautant plus au seruice des diables, qu'il la voyoit prõpte au vray culte & honneur de Dieu. Ce qui causoit tant d'angoisse & douleur à ceste dame, qu'elle en estoit ordinairement malade. Il pleut en fin à Dieu, tant par les oraisons continuelles de Monique, comme par les intercessions de son feu pere qui vieid au ciel, toucher & mouuoir tellement le cœur de ce ieune Seigneur, que lors que moins on l'esperoit, sans auoir ouy predication ni exhortation aucune, il print tous ses liures, noms, characteres & autres instrumens desquelz il vsoit pour le seruice du diable, & les ietta au feu. Puis despouillé de tous ces appasts de malheur, enuoya querir nostre frere,

ouyt

ouyt les ſermons,& finalement receut le Bapteſme auec toute ſa famille. Dequoy Monique receut vne indicible conſolation. Quelques iours apres fut auſſi baptizé ſon frere auec plus d'autres vingt perſonnes.

Taïco ayant vaincu le Roy de Bungo, le chaſſa de ſes terres le confina ez plus eſloignés quartiers du Iappon, & donna le reuenu de ce Royaume à vn grand Seigneur, nommé Marinocapaqui, lequel auoit eſté ſon compagnon du temps de Nobunanga. Le royaume de Bũgo eſt diuisé en deux parties, l'vne eſt appellée Fita, ou ſont les plus valeureux ſoldats de tous ces païs: l'autre ſe nomme Cuſſo. Morinocapaqui eſt Seigneur abſolu de la premiere: pour la ſeconde il la tient comme à fief de Taico. Le feu Roy François les poſſedoit toutes deux: ſi ne peut-il iamais introduire la Loy de Dieu en Fita, & n'y eut en toute ceſte contrée là Chreſtien aucun iuſques à tãt qu'vn Bonze baptizé s'y tranſporta. Ceux du païs le cognoiſſant fort homme de bien, doux & paiſible, luy donnerent vn vieux temple qui auoit eſté des gentils, ou ayant demeuré quelque temps, & ne pouuãt ſouffrir les inſolences des idolatres, il leur quitta le temple, & ſe retira. Le ſuſdit Morinocapaqui s'eſtoit depuis douze ans fait baptizer en Ozaca: mais comme il eſt vaillant hõme, s'eſtant trouué à toutes les guerres paſſées, il ne retenoit que bien peu de ſentimẽt des choſes de Dieu. Si eſt ce que, comme perſonnage de fort bon iugement, il retint ſi bien les leçons du Catechiſme qu'il faiſoit du preſcheur, & les rediſoit quaſi mot à mot. Il eſt fort bouillant de ſa nature, & tres-prõpt à tout ce qu'il entreprend. Ayant donc ſçeu que deux de noz Peres eſtoyent arriués à Bungo, il les enuoya prier de le venir trouuer, ou l'vn d'eux auec vn de noz freres predicateur Iapponois, & ce pour choſe importante au ſeruice de Dieu. Vn des Peres s'achemina ſoudain vers luy, & fut receu auec telle ioye & allegreſſe, que Morinocapaqui meſme auec ſes pages accõmodoit & paroit l'autel, où le pere deuoit dire la Meſſe, laquelle finie, il luy enuoya vingt ſacs de ris, & autres prouiſions neceſſaires pour l'entretenement de la maiſon. Et parceque le Sieur Paul de Schingo, qui en la reuolution des affaires de Bungo fut bãni de ſes terres voiſines de Fita, ſe tenoit à trois lieuës de là, Morinocapaqui l'enuoya querir, le certiorant comme vn de noz Peres eſtoit arriué auec ſon compagnon. Il dit auſſi au Pere qu'il ſe vouloit confeſſer, & petit à petit perſuader à tous ſes ſubietz d'ouyr le Catechiſme, ſe faire inſtruire & baptizer. Il promit outre plus de faire baſtir vne Egliſe, & ſe rendit ſi aſſidu aux leçons du Cateſchiſme, qu'il n'en perdoit pas vne: il menoit force Gentils-hommes, propoſoit, luy meſme en preſence de tous ſes difficultés, & entendoit volontiers les reſolutions qu'on luy donnoit. Il diſoit ſouuent à ceux de ſa ſuyte que tous les Camis & Fotoques ſont en enfer, d'ou ils ne ſeront iamais deliurés, tant s'enfaut qu'ils en puiſſent garentir les autres. Tous les ſoirs il venoit au logis du Pere accompagné de vingt & cinq ou trente Seigneurs, auſquels il perſuadoit d'ouir attentiuement ce que le Pere diroit pour leur inſtruction, aſſeurant que c'eſtoit le plus grand plaiſir & contentement qu'ils

luy

luy pouuoyent donner. En preuue dequoy il leur tenoit bonne compagnie, & ce bien souuent iusques à minuit, disant aux plus ieunes qu'il pretendoit encore quelque profit particulier en leur conuersion, dautant qu'il se fioit fort aux Chrestiens, comme à gens craignans Dieu & quant aux payens il en estoit tousiours en doute. Les aduertissoit aussi que quiconque ne pouuoit bien entédre & comprendre les raisons qui leur estoyent proposées en la loy de Dieu, se monstroit auoir peu d'entendement. Au reste quant à ceux qui differoyent de iour en iour à se conuertir & faire Chrestiens, il ne se pouuoit presuader que ce ne fut pour plus librement derober de son reuenu, dequoy il chargeoit leurs consciences. Finalement leur dit & declara que de là en auant il ne vouloit ni entendoit, que pas vn de ses subietz eust plus d'vne femme, se proposant pour exemple en ce qu'il n'en tenoit qu'vne.

Le Pere qui fut à Fita dit que c'estoit le Seigneur qui auoit monstré plus de signes d'amour & bienueillãce tãt enuers nous qu'enuers tous les Chrestiens, qu'il cherit de tout son cœur, desirant voir tous ses subietz baptizés. On dit qu'il auoit esté fort seuere & cruel: mais depuis sa conuersion il s'est rendu si doux & affable que le simple peuple l'ayme & respecte comme Pere, tant il leur fait de bien.

Pour effectuer la parole qu'il auoit donnée de bastir vne Eglise, il s'aduisa du temple que Iean Sotan auoit aggrãdi & accõmodé pour y assembler les Chrestiens: mais le iugeãt encore fort ruyneux, il commanda ſoudain qu'on fit prouiſion de pierre, bois, & autres choſes neceſſaires à baſtir. Tandis qu'on fit les reparations, il y eſtoit quaſi tout le long du iour, faiſant par ſa preſence que les gentils trauaillaſſent au double qu'ils n'euſſent fait. Les ieunes Gentils-hommes de ſa ſuyte, ne ſe contentans d'aſſiſter aux manouuriers auec luy, mettoyēt encore la main à l'œuure, & trauailloyēt fort. L'Egliſe dreſſée noſtre Frere Iapponnois commença à preſcher & inſtruire ces ieunes Seigneurs & leurs familles, & particulierement vn frere du Tono, plus ieune que luy, & les catechiza ſi bien qu'en peu de temps il y eut trente & deux perſonnes qui receurent le Sainct Bapteſme.

La maiſon où le Tono commanda qu'on logeat le Pere & ſon compagnon, ſoudain qu'ils furent arriués là, eſtoit d'vn des principaux payens du lieu qui les logea comme par force, & craignant d'encourir la diſgrace du Tono, autrement il s'en fut bien gardé. Car tous ces payens des terres de Fita abhorrent & deteſtent ſi fort tout ce qui concerne la foy Catholique, & fauteurs d'icelle, qu'ils tiennent pour maudit & excōmunié quiconque loge chés ſoy vn Chreſtien. Qui fut cauſe que tous ceux de la famille de ce payen voyant les noſtres venir à eux ſe retiroyent, leur tournoyent le dos, & par fois s'enfuyoient. Les ſeruiteurs du logis leur faiſoyent mille brauades : Et ſi par-fois noſtre Frere leur offroit par courtoiſie quelque fruit ou autre choſe à manger, ils la iettoyent aux chiens, ou à la rue, craignans d'en eſtre contaminés s'ils la mangeoyent. Ce que les noſtres endurerent tres-uolon-

tiers

tiers pour quelques iours, craignant d'aigrir leur hoste, & ne voulant en façon aucune que le Tono sçeut le mauuais traictement qu'on leur faisoit. Car il les eut seuerement chastiés. Il pleut à Dieu de recompenser ceste patience & humilité des nostres, par vn desir qu'il mit au cœur de leur hoste, d'ouir la doctrine Chrestienne. Ce fut du cõmencement cõme par ieu, & en riant, mais petit à petit il y print tel goust, qu'il se fit Chrestien, auec sa femme, & toute sa famille, laquelle depuis portoit beaucoup d'honneur aux nostres.

Le Tono ne se contenta pas d'auoir induit les gentils-hommes de sa suyte à se tenir Chrestiens il y voulut encores attirer tous les naturels du païs, & se print à les soliciter, leur representãt les biens qui leur en aduiendroyent. Mirés vous sur moy, leur disoit il, voyés comme toutes choses m'ont bien succedé depuis que ie suis Chrestien, ie dis ez biens temporels mesme. Ie recognois le tout venir de la misericordieuse main de mon Dieu mon Sauueur. Il les prescha si bien de parolle & par exemple, que plusieurs commencerent à ouir les sermons, & en peu de temps furent baptizés soixante & dix personnes.

Mais Satan ne pouuant souffrir les pertes qu'il faisoit par la predication de la foy Catholique, & conuersion de tant de Payens, nous ourdit & trama vne grande contradiction & trauerse, comme vous orrés. Le Tono ayant quelques affaires à Meaco, enuoya querir son Pere, qui estoit là, le priant de se venir tenir à Fita pour gouuerner le païs en son absence. Ce qui fut fait. Le fils s'en alla vers Meaco, & son Pere luy succeda en charge. C'est vn vieillard esperdument addonné au seruice des Camis & Fotoques, & si aliené de tout ce qui appartient à la foy Chrestienne, qu'il n'en peut ouïr parler. Voyant donc le fruit qui se faisoit en la conuersion de ces pauures Payens, il fut extremement coleré contre son fils, & luy escriuit au long de tout ce qu'il trouuoit à redire en ses façons de faire & gouuerner, raportãt le tout à dix points, lesquels tendoyent entierement à la ruine de la foy Catholique. Si Taïco a chassé ces Peres de diuers lieux, escriuoit le vieillard à son fils, s'il a commandé qu'on abbatit leurs Eglises, qu'on bruslat leur images, pourquoy les hebergés vous en voz terres? pourquoy les cherissés vous tant? Ie vous conseille d'inhiber qu'on ne trauaille plus apres cette Eglise, qu'ilz ne preschẽt plus, qu'ilz ne baptizent plus, autrement ie m'en retourneray à Meaco, & vous accuseray deuant Taïco, comme transgresseur de ses loix. Le filz comme prudent & bien aduisé, sçachant bien que son Pere auoit besoin de luy pour s'entretenir & nourrir, le paya de belles & bonnes raisons, si bien qu'il luy serra la bouche.

Auant que le Tono partit pour Meaco, il y eut en la ville de Fita, vn ieune enfant, aagé seulement de huit ans, qui sçauoit par cœur beaucoup de Comedies du Iappon, & les recitoit auec vne telle grace & grauité, que le Tono le vouloit quasi tousiours auoir prés de soy. Cet enfant assistoit aux sermons & leçons de Catechisme qu'on faisoit aux Payens, & alloit souuentesfois voir les nostres, qui prenoyent vn singulier plaisir à le veoir & ouïr. Vn iour

iour il fut à l'Eglise, & trouuãt nostre Frere luy dit. Auez vous pas icy vn Fotoque qu'on dit auoir esté crucifié pour le salut des hõmes ? Montrez le moy ie vous prie. Car ie desire fort le veoir. Nostre Frere luy monstra vn Crucifix, lequel ce ieune fils considerant, ie ne vois pas icy, dit-il, la playe qu'on m'a dit qu'il reçeut au costé gauche. Le Pere suruenant luy monstra vne autre image du Crucifix qui estoit sur l'Autel, laquelle l'ẽfant dit luy plaire beaucoup plus que l'autre, à cause de la playe qu'il auoit au costé, & du sang qui luy degoutoit de la teste. Apres l'auoir bien veu & consideré, il demanda qu'on le baptizat. Le Pere luy respondit qu'il falloit au prealable bien sçauoir sa creance, & le catechisme. Ie sçay ià tout cela, repliqua l'enfant, & se print à le dire sur le champ. Comme il eut fini, le Pere luy dit. Celuy qui veut receuoir le S. Baptesme, doit venir plus prest, & mieux disposé que vous n'estes. Car ces habits que vous portez sont ordinaires, & pour receuoir vn tel & si grand Sacrement, il faut estre pour le moins vestu comme les iours de feste. L'enfant prenant ceste response en payement s'en alla soudain chez son Pere, homme fort honnorable, se fermant dans sa chambrette se reuestit de ses habits de soye, & soudain retournant à l'Eglise, dit au Pere, Me voicy maintenant bien prest, baptizez moy s'il vous plait. Le Pere luy accorda sa requeste, & ayant fait les ceremonies ordinaires print en main l'eau pour la verser sur l'enfant, lequel s'en apperceuant, Attendez vn peu mon Pere, dit il, ie vous supplie prendre garde quand vous verserez l'eau, de ne baigner pas mes beaux habits, comme vous fites l'autre iour à vn que vous baptisiez. Toute l'assistance s'estonna de voir vne telle prudence naturelle en ce ieune enfant, & sur tous le Tono qui fut son Parrin, & peu de iours s'en alla à Meaco, auec grand desir de pouuoir à son retour auoir pres de soy vn de noz Peres accompagné, pour aller par ses terres prescher & Catechiser. Les nostres ne seiournerent pas là long temps apres son depart, ains prenant congé des Chrestiens se retirerent à Vsuqui, Ville ou le feu Roy François tenoit sa Cour.

Tandis que le Pere fut à Vsuqui, il y eut vne ieune fille Payenne, fort vexée & affligée par l'esprit malin, à laquelle quelques gens de bien conseillerent de se faire baptizer, si elle vouloit estre entierement deliurée de toutes ces peines & tourmens. Elle se resolut de le faire, & la nuict suyuant le diable luy apparut, disant. Il y a si long temps que ie conuerse familierement auec toy, & maintenant tu me veux laisser. Sçache que si tu me quitte, ie m'en vengeray. Il cõmença cette nuit mesme: Car il tondit & rasa cette pauure fille, sans qu'elle en sentit rien, & luy laissa seulement vne tresse de ses cheueux. Dequoy la fille s'apperceuät au matin, & trouuant ses cheueux attachez à vne canne qui estoit au cheuet de son lict; se resolut encore plus fort de receuoir au plustost le S. Baptesme, comme elle fit, & fut du tout libre de la vexation du diable.

Il y auoit à Bungo vn Chrestien fort tiede au seruice de Dieu, & peu soigneux du salut de son ame: lequel par honte du monde portoit son chappellet caché. Ce pauure homme passant vne riuiere, fut

visible

visiblement assailli par le diable, & mit la main au cimeterre pour se deffendre : mais le diable le luy osta par force, & se saisit de luy, tellement qu'il retourna chez son maistre ayant le diable au corps. Son maistre qui estoit gentil, le voyant tant affligé par ce malin esprit, se mit en deuoir de l'en deliurer par les singeries & marmotemens des Bonzes: mais le diable leur fit la nicque, & ne voulut desloger pour eux. Ce que voyant quelqu'vn des assistans dit au maistre du patiẽt, qu'il cognoissoit vn Chrestien qui chassoit les diables des corps possedez. Le maistre le fit appeller, il vint, & s'humilia fort deuant toute l'assistãce, disant qu'il n'estoit pas de tel merite pour faire de si grandes œuures : toutesfois qu'il prieroit bien Dieu pour luy. Il se mit donc en deuotion, & apres auoit fait quelques actes de penitence, print vn baston, & commẽça à charger sur ce possedé, lequel faisoit des gestes & grimaces tres-espouuantables, se tourmentoit & affligeoit incessamment, & principalement quand le Chrestien luy attacha son reliquaire au col. Ce fut lors que ce malin cria par la bouche du patient, qu'il sortiroit, si on luy ostoit ce pesant fardeau du col. On osta le reliquaire, & soudain le diable partit, & laissa le pauure patient estendu sur la terre, comme s'il fut esté mort. Quasi tous le tenoyent pour tel, & commençoyent à s'esleuer contre le Chrestien, disans qu'il l'auoit fait mourir. Mais il maintint le contraire, les priant d'auoir vn peu de patience, & qu'il reuiendroit bien tost à soy, comme fit il bien tost apres. Ce que voyant vn Payen receueur des reuenus de Taïco en ces quartiers là, tout estonné né d'vn si euident miracle donna congé aux Chrestiens de porter leurs chappellets au col, ou à la ceinture comme bon leur sembleroit.

Les deux Peres de cette mission asseurent d'vne part qu'ils n'endurerent iamais tant au Iappon, & d'autre costé qu'ils n'eurent onc tant de consolation comme ils sentirent durant quelques iours qu'ils employoyent entierement, voire vne partie de la nuit mesme, à ouïr les confessions de ces pauures Chrestiens, lesquels quoy que pressez d'ensemencer & cultiuer leurs terres par les receueurs Gentils, se trouuoyent neantmoins à l'Eglise, comme si ce fut esté l'an de Iubilé. Noz freres preschoyẽt tous les iours trois ou quatre fois aux Chrestiens des saincts Sacremens de la Penitence & de l'Eucharistie : & ne cessoyent pourtant de faire le Catechisme aux Payens.

L'vn des Peres fut à la forteresse de Schinga, ou il confessa plusieurs Chrestiens, baptiza bon nombre de Gentils, & puis s'en alla passer la sepmaine saincte à Tacata, où s'assemblerent pres de quatre mille Chrestiens, lesquels non contés de se trouuer à l'Eglise, auoyẽt encore dressé plusieurs Oratoires en leurs maisons. Le Pere en visita vn grand nõbre.

Les Gentils habitans de Iurugaschi estoyent si alienez de nostre saincte Foy, qu'il ne s'en trouuoit pas vn qui voulut entendre à se faire catechizer. Aduint qu'vn des principaux tomba malade d'vne telle & si grande infirmité, que son pere despendit tous ses moyẽs pour luy obtenir santé par les prieres & barbotemens des Bonzes. Mais voyant qu'il se penoit en vain, & que sans fruit il addressoit ses

vœuz

vœuz & prieres aux Camis & Foroques: oyãt d'autre part q̃ le Pere n'estoit pas loing de là, il enuoya homme expres pour le prier de vouloir prendre la peine de venir en son logis, & baptizer son fils auãt qu'il mourut, promettant de persuader à tous ses voisins d'ouïr le Catechisme, & se disposer à receuoir le sainct Baptesme. Le Pere y enuoya vn de noz Freres, qui trouua le malade si bas & priué de sentiment qu'il iugea ne le pouuoir baptizer. Et de faict il rendit incontinent l'ame. Le Payen voyant son fils mort, & considerant que les Bonzes ne luy auoyent peu rendre la santé, comme ils auoyent promis, il ne voulut pas qu'ils l'enterrassent: ains pria fort instamment le Pere de permettre qu'il fut mis en terre Saincte auec les corps des Chrestiens. Le Pere luy respondit que son fils estant mort sans baptesme, le lieu de la sepulture ne luy seruiroit pas beaucoup. Le Payen fit encore instance, suppliant qu'il luy fut loisible de le mettre en vn coin de Cemetiere, & disant que ce n'estoit en l'Eglise qu'il le desiroit mettre, ains pres des Chrestiens, en tel endroit du Cemetiere qu'õ luy permettroit: les Chrestiens se ioignirent à luy pour solliciter le Pere, lequel luy accorda sa requeste. Ce qui fut cause que ce Payen se fit baptizer, auec plusieurs autres du mesme lieu.

Le Gouuerneur d'Vsuqui, qui est Payen, homme de grande authorité & credit en ces quartiers là, s'en allant à Meaco, laissa par expres commandement à ses seruiteurs, de receuoir honorablement, loger & traiter le mieux qu'il seroit possible, le Pere quand il arriueroit, leur designãt vn lieu qu'il don-

noit

noit pour l'Eglise : que si celuy-la ne luy aggreoit, qu'il en choisit ailleurs où bõ luy sembleroit. A cet effet il donna certaines maisons de Fuequmi, qui auoyent esté du Roy François, & permit à tous les habitans des terres ou il a commandement, de se faire Chrestiens. Le Pere ne pouuant vaquer à tout, enuoya son compagnon à Fuequmi pour visiter les Chrestiens des lieux circonuoisins, où il baptiza plusieurs Gentils-hommes.

Le Pere fut depuis en vn autre lieu, où il ouyt de confession plus de deux cens personnes, baptiza cinquante Payens jà grands & aagés. Puis passa par Funai où il estoit bien attendu, tant par les Chrestiens, qui se vouloyẽt cõfesser, que par les Payens, qui furent baptizés en grand nombre.

Finalement le Pere voyãt le terme de sa mission approcher, print congé des Chrestiens, lesquelz se mirent tellemẽt à pleurer qu'ils ne pouuoyent ouïr ce que le Pere disoit, pour leur consolation. Il en y eut qui le suyuirent plus de sept ou huict lieuës, pleurant & monstrant par leurs regrets la bonne affection qu'ils portent aux Peres de nostre compagnie, qui estoyent bien marris de les voir demeurer seuls & priuez de choses, qu'ils desiroyent autant leur departir, comme les Chrestiens mesmes pouuoyent souhaitter de les auoir. Mais ne pouuans pour lors satisfaire à leur desir, ils promirent de moyẽner qu'on leur enuoyat dans peu de iours quelques vns de noz Peres, puis que les officiers de Taïco nous permettoyent de baptizer desormais tous ceux qui se voudroyent faire Chrestiens.

En cette mission faite à Bungo les deux dernie-

res

res années nonantecinq &nonantesix, se sont confessez à noz Peres plus de sept mille ames ; & ont esté baptizez deux mille neuf cens soixante & quatorze personnes aagées, y comprenant quelques cinq cens baptizez par les autres Chrestiés, en absence de noz Peres qui leur auoyent recommandé de ne manquer à ceux qui demanderoyent le Baptesme en necessité.

D'vn autre Frere enuoyé au Royaume de Bugen.

LE Reueréd Pere Vice-prouincial fit partir de ce port de Nangasaqui, vn de noz freres Iapponois de nation, pour aller visiter vn Gentil-homme Chrestien, grand amy & bienfaicteur de nostre compagnie. Sur le chemin il prescha aux Gentils nostre saincte Foy, & en baptiza tantost quatre, tantost cinq, iusques au nombre de quatre vingts dix & sept en tout.

Vn Gentil-homme frere de celuy que nostre frere Iapponois alla visiter, auoit en son logis vne nourrice d'vn sien petit fils yssuë du Royaume de Farima prez de Meaco, laquelle estoit de la secte des Iecoschi, & tres affectionnée au seruice d'Amida : au reste si aliene des Chrestiens, & de tout ce qui concerne nostre saincte Loy, que quand on luy parloit de se faire catechizer & baptizer, elle respondoit impudemment, qu'il n'y auoit pas grande difference entre Dieu & Amida : d'autant que si Dieu est infini, Amida l'estoit aussi : si Dieu n'a fin ni commencement, sa secte en preschoit

tout

tout autant d'Amida : Si Dieu souffrit beaucoup de tourmens pour le salut des hommes? Amida fit aussi vne tres-austere penitence durant plusieurs milliers d'années, pour le mesme effet:& partant qu'il n'y auoit raison qui l'induisit à quitter Amida, pour receuoir vne loy nouuelle, apportée de païs estrãge. C'estoit au reste vne femme si sage & discrette que chacun esperoit qu'ayant ouy le Catechisme, elle se rengeroit à la foy Catholique, & par son bon exẽple en ayderoit plusieurs autres. Il pleut à Dieu de luy toucher le cœur, & l'induire à ouir sa Saincte parolle en vne leçon de Catechisme, durãt laquelle nostre frere Ialpponois respondit à plusieurs doutes qu'on luy proposa, & particulierement à ceux de ceste dame qui se fit admirer pour les instances qu'elle faisoit, auec vne grande prudẽce & tres-bel ordre. Si fut elle en fin conuaincuë, & baptizée. Depuis sa conuersion elle se print à prescher les autres Iecosqui de sa secte, & tant pour les bons exemples de vertu, que par ses belles raisons & discours, en peu de iours en conduisit soixante & dix au baptesme. Elle fut nommée Anne, & s'affectionna peu à peu tellemẽt à la deuotion de nostre Dame qu'elle fit donner à vne sienne fille de treize ans, le nom de Marie.

D'vne autre Mission faicte au Royaume de Fingue.

IL y a au Royaume de Fingue vne forteresse qu'on appelle Iabe appartenante à Augustin Eune Camidono, & gouuernée par vn des premiers Chrestiẽs de Meaco, homme noble, & tres-affectionné à nostre compagnie,

pagnie, nommé George, les vertus duquel ont esté ià dés long temps escrites ez lettres du Iappon. Il desiroit fort auec toute sa famille, & demanda qu'on luy enuoyat pour la sepmaine Saincte, vn de premiers Peres qui vindrēt au Iappon, & qui le baptiza il y a plus de trente ans, auec quasi toute sa famille. Mais le Pere se trouua si malade, qu'il n'y peut aller. Le Capitaine pria qu'on luy en enuoyat quelqu'autre, ce qui luy fut ottroyé. Attendant que le Pere arriuat, affin que sa venue fut plus fructueuse, ce bon capitaine assembla tous les Chrestiens dependant du lieu de son commendement, qui sont enuiron mille, & leur departant les heures du iour & de la nuit, ordonna qu'ils se missent en oraison continuelle, deuant vn bel autel qu'il a fait dresser en vne sienne sale bien parée & acommodée: Tous les Chrestiens s'y assemblerēt pour quelques iours, & y reciterent en peu de temps quarāte mille couronnes de nostre Seigneur Iesus Christ; & ce pour deux fins & intētions. La premiere fut pour la conuersion du Iappon, restablissement des noz Peres en leur premier estat, & autres necessitez de ceste nouuelle Eglise. La secōde estoit affin qu'il pleut à Dieu de bien conduire le Pere qui estoit en chemin, & auquel ce bon Capitaine se vouloit confesser le Pere arriua là le Mardi de la sepmaine Saincte, & soudain se print à ouir les confessions, y employant non seulemēt les iours entiers, ains encore vne bonne partie des nuits, & se priuant du repos corporel, pour satisfaire au desir de ceux qui se presentoient pour la confession. Tous les soirs s'assembloient plusieurs personnes en ceste sale, &

apres auoir prié Dieu deuant l'autel, faisoyent la discipline, les hommes à leur tour, & les femmes au leur. Le iour du grand Vendredi la plus part des Chrestiens s'en allerent comme en procession iusques à la croix posée sur vn tertre à vne portée d'arquebuze loing du chasteau; & firent tous la discipline, tant allant que reuenant. Le Capitaine y fut tout pied nud auec plusieurs autres Gẽtils-hõmes. La procession finie ilz se retirerent chacun chez soy, pour changer d'habits puis vindrent vers le Pere pour l'ouir discourir des choses de Dieu, auec vne telle ioye & allegresse, cõme si iamais ilz n'eussent manié discipline, quoy qu'ils l'eussent prinse bien serré. Plusieurs payens voyans l'austere penitence que faisoyent les Chrestiens, & l'amour fraternelle qu'ils se portoyent, demanderent d'ouir la doctrine Chrestienne, furent catechizés par nostre Frere, & baptizés iusques à quarante personnes.

La fille de ce Capitaine, nommée Monique, qui fut baptizée huict iours apres sa naissance, apres auoir esté tres bien esleuée en l'amour & crainte de Dieu chez son pere, espousa vn ieune Seigneur, parent d'Augustin, lequel fut tué en la guerre de Corai; & la laissa vefue à l'aage de vingt ans ou enuiron; elle en a maintenãt vingt & deux, & s'addõne tellement à la deuotiõ, que s'il y eut eu quelque conuent de religieuses en ces quartiers, elle y fut des-ja entrée. Pour le moins s'est elle deliberée de vaquer à la perfection Chrestienne le plus qu'il luy sera possible. Et à ces fins print dernierement tous ses vains habits, bagues & ioyaux, & les enuoya au P. Vice-Prouincial, le suppliant de tenir la main

main que tout cela fut donné aux pauures,& necessiteux: disant qu'elle vouloit executer auãt sa mort, ce qu'il luy eut fallu coucher en son testamét. Elle a chez soy tout ce qui est necessaire pour bien parer vn autel, à dire la Saincte Messe, & en accommode noz Peres quand ils passent pour là.

Du College d'Amacuza & de ses residences.

NOVS auons esté ceste année en ce College vingt & trois personnes, six Prestres, & dix & sept, que Regens qu'estudi ans, ou Coadiuteurs. En Octobre de l'an nonante & cinq le Pere Vice-prouincial reçeut quinze Nouices, cinq venuz d'Europe, & dix Japponois lesquels auec autre sept de noz freres, qui ayãt fini leurs estudes, font la troisiéme année de probation à la mode de nostre Compagnie, donnerent commencerent à la maison du Nouitiat en cette ville.

Au College on enseigne cõme nous faisons par tout; mais en priué à noz Freres Japponois qui ont ià estudié aux humanités, & apprins l'abbregé ou Compendium des choses necessaires pour la foy Catholique, on leur lit vn liure intitulé le Buppo, qui traite des sectes du Iappon, & de toutes leurs erreurs, pour apprendre à les refuter, ez conferences & disputes que nous auons tous les iours auec les Bonzes, & autres payens. On leur enseigne aussi à lire en Iapponois, cognoistre & bien entendre leurs vieux characteres, chose tres-necessaire pour conuerser auec ces infideles, & les ayder. I'ls ont chacun leurs villages assignés non loing de la ville, ou ils vont pour enseigner le Catechisme au ſimple peuple, & petit à petit ſe diſpoſer pour monter vn iour en chaire & preſcher.

Les Nouices font leurs conferences, ſuyuant leurs reigles, s'exercent en la Mortification, & en tout ce qui ſe prattique en Europe, excepté de ſeruir aux hoſpitaux, parce qu'il n'en y a pas encore par deça : & d'aller en pelerinage. Mais ils recompenſent par œuures d'humilité, charité & deuotion qu'ils font en la maiſon, auec grande edification. On enuoye bien ſouuēt auec eux noz Peres & Freres qui ſe trouuent ez reſidences, pour reprendre vn peu d'eſprit de deuotion faiſant les exercices ſpirituels.

Quant aux Seminariſtes, qui ont eſté ceſte année iuſques à vingt, on leur a dreſſé vn ſommaire des choſes de noſtre ſaincte Foy, tant à fin qu'ils puiſſent auoir plus grande cognoiſſance de la Loy Euangelique, cōme à fin qu'ils enſeignēt les Chreſtiens, & Catechizent les Gentils.

En vn quartier du College ſeparé toutesfois de noſtre habitation, comme nous auons autresfois eſcrit, eſt l'Imprimerie de la langue Latine & Japponoiſe, d'où eſt ſorti cette année le Catechiſme du Concile de Trente en Latin, qu'on lit au Seminaire: Le liure intitulé *Contemptus Mundi*, en Latin & Japponois enſemble : & les exercices ſpirituels de noſtre Pere Ignace en Latin.

On a ouy au College ou en ſes dependēces, deux mille ſept cens Confeſſions; baptizé cent quatre perſonnes ià bien aagées, & baſti quelques Egliſes. On va cinq ou ſix lieuës à la ronde de la ville pour preſcher & catechizer auec beaucoup de peine, ne, à cause des montagnes qui sont tres-hautes & difficiles à passer. Si est ce que personne ne s'espargne pour instruire ces nouueaux Chrestiens, & les entretenir en la voye de Salut.

De la residence de Chiazzura.

IL n'y a en cette residence qu'vn Pere & vn Frere qui s'occupent à instruire ces Chrestiens qui ont depuis peu de temps reçeu la Foy. Le Pere a ouy cette année pres de deux mille Confessions. Il y auoit en vn Chasteau de cette Isle vn ieune hôme Payen, aagé seulement de dix & sept ans, auquel apparoissoit souuent vn chien de grandeur desmesurée, & roux de poil, lequel luy parloit, le menoit par les plus secrets lieux de ces montagnes, où il le tenoit deux ou trois iours, le faisoit mettre deuant soy, & l'adorer. Puis exerçoyent par ensemble des choses que ie n'ose escrire. Ce que ce ieune homme ne pouuant souffrir, se delibera d'aller à l'Eglise, & ouïr le Catechisme, comme il fit, & l'ayant bien apprins fut baptizé, & deliuré de l'infestation de ce malin esprit.

De la residence de Voian.

C'Est la plus petite Isle des cinq, esquelles ce païs est diuisé, qui sont Amacuza, Xiqui, Sumoto, Chiazzura, Voian: & la plus voisine du Chasteau d'Vto, qui est le plus fort qu'Augustin Camidono aye tenu au royaume de Fingo. Il y a force Chrestiés, que le Pere va souuent visiter, non sans fruit, tant d'iceux comme des Payens qui se conuertissent peu à peu. On y fit vne mission sur la fin de l'année passée, & vne autre au moys de May dernier, desquelles on nous a escrit ce qui s'ensuyt.

Ilz estoyent si ardens à se confesser, que pour satisfaire à leur deuotion, il faloit que ie me passasse de dormir. Dez la minuict ils venoyẽt pour se confesser, & ouïr la Messe. Les Payens mesme y accouroyent. I'en baptizay quatre vingts & quatorze.

Ayant confessé les Chrestiens d'Vto, ie fus à Cumanoschio, puis au Chasteau de Iabe, & à Iataschire, où la fẽme du Gouuerneur m'auoit par plusieurs fois inuité. Ie demeuray huit iours chez elle, catechizay force Payens, & en baptizay soixante & six, vn desquelz fut le fils du Gouuerneur du mesme lieu, aagé de vingt ans, auec autres quatre de ses plus grands amis. En tout ce voyage i'en baptizay deux cens vingt & deux, entendis cinq cens confessions, pour lesquelles on venoit vers moy de sept ou huict lieuës.

Quant à la seconde Mission faicte au mois de May, le mesme Pere escriuãt de la forteresse d'Vto, dit ainsi. Il y a huict iours que i'arriuay icy, & fus grandement consolé voyant la ferueur de ces nouueaux Chrestiẽs, & le grand soin qu'ils ont de leur salut. Ie me retiray prez de l'Eglise pour plus commodement satisfaire à leur desir, mais ie n'euz moyen de m'excuser enuers Fidãdo qui auoit la chambre preste pour nous loger, & retenir pour la feste de l'Ascension. Ie baptizay dez mon arriuée soixante personnes, parmi lesquels estoyent quelques

Gentils-

Gentils-hommes vassaux du Seigneur Augustin, qui estoyent venuz de Cotaï.

Il aduint en ce lieu vne chose digne d'estre escrite. Vn Gentil-homme qui par le passé auoit eu beaucoup d'authorité en ce Royaume de Fingo, auoit marié l'vne de ses filles auec vn Payen ; la mere & parens duquel estoyent tous pareillement Gentils. Ceste fille tomba malade, & fut si affligée en peu de iours que le sixiéme on la tint pour morte. Quelques vns disoyent qu'elle estoit possedée du diable d'autant qu'elle faisoit certaines grimaces, & autres traits fort extraordinaires & si furieux qu'à grand peine deux ou trois personnes la pouuoyent tenir. Le beaupere & le mari cóme Payens appellerent les Bonzes, lesquels vserent de plusieurs & diuerses superstitions & imprecations sur elle, sans luy porter allegement aucun. Tandis on auoit donné aduis du tout au Pere qui se tenoit à neuf ou dix lieuës de là, & venu en poste la trouua preste à rendre l'ame. Car elle ne cognoissoit plus persoñe. Il ne perdit pourtant courage, ains commanda premierement qu'on cessat de faire toutes ces singeries & imprecations de Bonzes & autres Payens qui luy assistoyent : puis print son chappellet en main, & dit trois fois le *Pater noster*, trois fois l'*Aue Maria*. La patiente ne fut pourtant soulagée, ains continuoit à faire ses grimaces & se lancer si brusquement & violamment, tantost d'vn costé tantost de l'autre, que plusieurs personnes estoient assés empeschées à la tenir, le Pere reprint son chappellet, & en frappãt sa fille sur les espaules, disoit. Tu es quelque meschant diable ; sors de ce corps. Le diable respõdit, ie n'en sortiray jà. Si feras repliqua le bon hõme, si feras en despit de toy mesme. Et prenant son chappelet le mit au col de la malade. Ostés moy ce colier, cria le diable, ostés le moy, il me couppe le col, ostés le, ie sortiray. Le Pere respondit, Ie n'en feray rien, ie ne l'osteray pas. Et prenant certaines cordelettes faisoit semblant de vouloir frapper dessus. Lequel redoutant le malin, sortit de ce corps, le laissant comme mort: de fait la fille ne respirant plus, & ayant les yeux roulés comme morte, chacun la iuga telle. Son seul Pere comme bon Chrestien, tint ferme en la foy, & poursuyuit à prier Dieu pour elle. Deux heures apres elle reuint à soy, & demanda de l'eau. Le Pere auant luy en dõner, dit trois fois le *Pater noster*, & trois fois. *L'Aue maria* dessus. Soudain que la fille en eut beu, elle se trouua mieux, recogneut son Pere, & quoy qu'elle se santit lasse & rompuë du trauail, dit neantmoins ne se souuenir aucunement de ce qui estoit passé. Le Pere luy racompta, auec telle energie que la fille se resolut de receuoir le sainct Baptesme: mais parce qu'il n'y auoit pour lors persõne de noz Peres sur les lieux son Pere luy conseilla d'attendre mon arriuée; Puis la voyant saine, redemanda le chappellet par le moyen duquel Dieu luy auoit rendu la santé, lequel la fille ne luy voulut restituer, le suppliant de le luy laisser iusques à tant qu'elle fut baptizée. Ce que le Pere luy accorda volontiers: & ainsi quoy qu'encore payenne, elle portoit le chapellet au col. Ie le veids à mon retour, & baptizay ceste fille, son mari, sa belle mere, & autres qui auoyent veu le miracle,

& se

& se moquoyent des Bonzes, & de leurs sottes coniurations.

Les Chrestiens de ce païs de Voian, sont fort feruens au seruice de Dieu, bons enfans & subiects de l'Eglise Catholique, & tous viuans Dieu mercy sans reproche. I'en ay confessé ceste année trois mille dix & sept, & baptizé quatre cens quatre vingts & trois en quatre Chasteaux, iusques à ce iour qui est le vingt troisiesme d'Aoust, mil cinq cens quatre vingts seize. Il y a plusieurs Chrestiens des quartiers de Meaco, qui seruent le Sieur Augustin, & se trouuent tous icy aux principales festes, & particulierement la sepmaine Saincte, portant auec eux de bonnes aumosnes pour distribuer aux pauures. On a faict compte de six vingts sacs de ris, outre les autres choses qui furent données aux pauures: Quant aux disciplines, ils les prennent si sanglantes que les payens mesmes s'en estonnẽt, & meus par ces bons exemples, entendent les leçons de Catechisme & se conuertissent. I'en ay baptizé plusieurs qui auoient esté viuement touchés par ces bons exemples.

Comme ie m'en allois d'vn chasteau à l'autre, plusieurs Chrestiens me v'indrent au deuant, & parmy eux vn ieune enfant aagé de dix ans, bien vestu, & monté à cheual. A le veoir si bien en conche, ie pensay de premier abbord que c'estoit le fils du Capitaine de ce chasteau. Mais il me mit bien tost hors de doute, m'accostant, & disant comme il estoit encore payen, mais resolu de receuoir le baptesme, si ie le voulois admettre. Ie l'entretins de diuers propos enfantins, iusques au chasteau, où ie sçeu que ses parens estoyent tous payens & fort addonnés au culte des Camis & Fotoques. Que fut cause que ie ne luy respondis à propos de sa requeste, Dequoy l'enfant s'apperceuant fort bien, sollicita pour intercesseurs enuers moy les principaux Chrestiens du lieu, ausquels ie remonstray la difficulté qu'il y auoit, & comme ses pere & mere s'indignans contre luy, le feroyent aysement tourner en arriere. Ainsi ie l'esconduysis le plus doucement qu'il me fut possible. Il ne cessa pourtant de poursuyure, & de nouueau print pour moyeneurs vn fils du Tono, & sa mere: les suppliant de faire en sorte que ie le baptizasse. Ils me solliciterent & prierent tant, ils promirent si asseurement qu'ils en prendroyent toute charge, & le garderoyent bien de retourner arriere, qu'en fin ie cōdescendis à leur desir, & luy ayant fait apprendre les principaux poincts de nostre foy, autant que son aage le permettoit, ie le baptizay. Craignant neantmoins que ses parens ne luy ostassent l'agnus Dei, ie ne luy en voulu donner, mais il pratiqua si bien auec les autres Chrestiens, qu'vn s'en priua, & tirant de son col le sien propre, le luy donna. De là il se retira ou ses pere & mere demeuroyēt, & sans leur rien dire de ce qui s'estoit passé, fit rōpre les idoles des Fotoques, & mit luy mesme le feu aux temples des Camis, si bien que tout fut redigé en cendre. Dequoy bien estonnés ses Pere & mere, luy demanderent s'il sçauoit bien ce qu'il auoit fait, & s'il ne trembloit pas d'auoir si grieuement offensé les Camis & Fotoques. Ne craignés point, dit l'enfant, n'ayés point de peur de ceux que i'ay fait brusler.

Les

Les Fotoques que vous adorés, ne sont que des diables qui vous ont abusés iusques à present. Ouurés desormais les yeux, oyés les leçons du Catechisme, & faictes vous baptizer. Il les prescha si bien & si efficacemẽt, qu'ils se resolurẽt de receuoir le baptesme, apres auoir esté instruits. L'enfant leur monstra l'agnus Dei qu'il pourtoit au col, mais caché, dequoy encore plus estõnés, ils disoient par ensẽble. Nous auons iusques icy espargné noz biens & moyens pour en donner aux Bonzes, à ce qu'ils priassent leurs Camis & Fotoques pour la prosperité de nostre fils: maintenant puis qu'il est Chrestien, ce seroit vne vaine despẽse. Soudain ils appellerent les Bonzes & les licencierent, recerchans les moyẽs d'estre instruits en la foy Catholique. Mais parce que i'estois sur mon depart, ie n'y peus vaquer pour lors. L'enfant se partit de la maisõ de son Pere, pour aller seruir le Tono, attendant que ie fusse de retour pour les baptizer, comme ie fis repassant par là pour la feste de l'ascension. Ils viuent maintenant tous cõme bons Chrestiens. Voyla comme Dieu appelle par diuerses voyes ses esleus.

Il y auoit en ce Royaume de Fingo vn pauure homme, Chrestien neantmoins, qui par l'instigation du diable, quitta la Foy, & viuoit en Payen, s'en allant parmi les Gentils, auec vn sien fils aagé seulement de treize ans, lequel ne sçauoit s'il estoit baptizé. Toutesfois voyant les Chrestiens si deuots & si bien morigenez, il auoit grand desir de se faire Chrestien. Le respect de ses pere & mere l'empeschoyent, il print neantmoins pour moyenneur vn bon Chrestien, le priant d'obtenir de son Pere qu'il

se fit

se fit baptizer. Le Pere respondit à celuy qui luy presenta cette requeste, Ne vous mettez pas en peine pour mon fils : il est Chrestien. Mais pour estre venu en ces quartiers bien ieune, il ne le sçait pas. Ie suis content qu'il viue en bon Chrestien, & luy en donne toute permission. On ne sçauroit exprimer l'aise & contentement que ce ieune fils reçeut de ceste nouuelle. Il s'en vint soudain à Voian, & me declara comme il sentoit continuellement, ie ne sçay quelle douleur & tristesse en son ame: comme son Pere l'auoit souuent appellé pour le mener aux Temples des Fotoques, mais il n'y auoit iamais esté que deux fois, ne pouuant autrement faire. Il m'asseura que voyant les Fotoques, il luy sembloit voir des diables, que iamais ne les adora, ains les detestoit, voire son propre pere, parce qu'il estoit Payen, portant tousiours en son cœur ce desir de se faire Chrestien. Au reste puis que la vertu du sainct Baptesme s'estoit manifestée en luy, il en rendoit graces à Dieu, promettant de se confesser comme les autres Chrestiens, voire de ne retourner iamais plus à Fingo, si ie le iugeois necessaire pour se conseruer en la foy. Bref qu'il obeïroit promptement & entierement à tous les commandemens de la saincte Eglise.

A Cutama place distante trois ou quatre lieuës d'Amacusa, le Pere qui a le soing des Chrestiens de ce quartier là, ouyt l'année passée deux mille confessions: baptiza vingt & deux personnes aagées, & entre autres deux Gentils-hommes de Taïgusu qui est à present vn des plus grands Seigneurs du Iappon. Il y auoit long tẽps qu'ils desiroyent le sainct

Baptesme

Baptesme, mais n'osoyent le demander ni receuoir craignans d'offenser leur Maistre. Comme ils dilayoyent de iour en iour, les affaires de leur maistre les menerent à Nangasaqui, d'où reuenus qu'ils furent, Taïgusu leur demanda s'ils s'estoyent faits Chrestiens. Ils respondirent. Nous differõs de iour en iour attendans d'en sçauoir vostre volonté. Faites la vostre, à la bonne heure, repliqua Taïgusu, & contentez vostre deuotion. Auec ceste permission ils ouyrent les leçons du Catechisme, & furent baptizez.

Le mesme Pere fut au Royaume de Sassume, pour confesser quelques Chrestiés qui en deuoyent partir pour aller lesvns à Sian, les autres à Manille. Il y eut vn ieune homme qui se tenoit bien auant dans le Royaume, lequel sçachãt que le Pere estoit en ces lieux maritimes, le vint trouuer. Or portoit il au col, dessouz ses habits vne belle Image de nostre Dame, bien peinte & enchassée auec ses corniches, couuertes d'vne belle bourse, laquelle il auoit acheptée d'vne femme Payenne, qui en auoit herité, de son mary Chrestien. Ses pere, mere, & autres parens qui estoyent tous Payens, & cruels ennemis de nostre foy, extrememẽt marris de le voir Chrestien, luy faisoyent mille algarades: quelquefois luy crachoyent en face, particulierement son aisné, l'iniurioyent, le battoyent, seulement pour le diuertir de la foy. Mais c'estoit en vain leur intentiõ. Car ce valereux chãpion de nostre Seigneur, supportoit le tout tres-patiemment, ne laissoit iamais son image, ains se retirant par fois en la chambrette où il couchoit se mettoit à genouil la prenoit en main, & representoit auec vne tres grãde abõdance de larmes à nostre Dame ses afflictions & calamités, la suppliant affectueusement de luy donner force & constance pour resister à ces trauerses, qu'il auoit enduré plus d'vn an. Estant aux pieds du Pere confesseur pour luy descouurir sa conscience, il y receut telle consolation, que les parolles luy manquoyent pour l'exprimer, ainsi qu'il asseuroit depuis, disant à son Pere confesseur qu'il auoit resolu quitter secrettement la maison de son Pere, & s'en aller en quelque quartier de Chrestiens, ou il peut viure auec plus grand repos de son ame.

Au mesme Royaume de Sassume demeuroit vn Chrestien qui auoit sa femme & famille tous payens. Il ne laissoit pourtant de vaquer à ses deuotions le mieux qu'il pouuoit priant souuent Dieu à genouls. Ce que voyant vne sienne petite fille aagée seulement de huict ans, y prenoit vn singulier plaisir, & l'espioit pour auoir ce contentement de voir son Pere en deuotion. Vn iour comme il estoit à s'embarquer pour faire quelque voyage, voulant prendre congé de sa famille, ceste fillette le saisit par le manteau, pleurant à chaudes larmes, & criant. Mon pere, mon pere, menés moy auec vous pour me faire Chrestienne, & me laisser parmy les Chrestiens. Car ma mere est idolatre, ie ne puis demeurer auec elle. Ceste fillette pleura tant, cria tant, importuna tãt son pere, que pour la contenter & faire taire, il luy promit de la faire baptizer à son retour aydant Dieu, & la mener en lieu où elle peut bien & Chrestiennement viure. C'estoit bien par inspiration diuine que ceste fillette parloit.

parloit. Car il n'y auoit chrestien aucũ qui demeurat sur les lieux, ni qui luy eut iamais parlé de se faire Chrestienne.

Vn certain payen estant allé à Manille, demanda le sainct baptesme peu de iours auant que la Nauire partit pour retourner au Iappõ. Mais comme chacun estoit empesché à se disposer peur monter sur mer, on ne peut vaquer à l'instruire. Qui fut cause qu'il s'embarqua auec les autres, & dans la nauire disoit, Puis que ie n'ay peu receuoir le baptesme, ie chercheray quelque autre moyen pour me faire Chrestien, quand ie deurois mourir pour l'amour de Dieu. Aduint que la tempeste ietta la Nauire sur la coste de la Chine. Les Chinois pẽsans que ce fut vne Nauire de brigands escumeurs de mer, se ietterẽt sur eux, & les battirent si bien que ce pauure homme y reçeut vn coup mortel, duquel il mourut, protestant en presence de quelques Chrestiens ses compagnõs qu'il mouroit en la Foy & loy Chrestienne, detestant tous les Camis & Fotoques lesquels il tenoit pour vrays diables. En foy dequoy il supplioit l'assistãce de le recommãder au vray Dieu du ciel, comme Chrestien. Il ne fut baptizé, parce qu'il ne se trouua dans la Nauire personne qui sçeut la maniere de baptizer, & toutes ces bonnes gens pensoyent que ce bon desir luy suffisoit pour estre sauué. Aussi croy-ie que Dieu par son infinie misericorde, l'aura reçeu au nombre de ses fideles.

De la residence de Xiqui.

CE fut en cette Isle que fit iadis sa residence, & mourut le P. Cosme de Torres, premier Prestre qui tint compagnie au bienheureux Pere Maistre François Xauier, & baptiza vn bon nombre des habitans, les autres estans empeschez de se faire instruire, par le Seigneur de ceste Isle qui estoit Payen, & ne vouloit permettre qu'on preschast la Loy de Dieu en ses terres. Cela dura plus de vingt & cinq ans, iusques à tant que Augustin Eunocamedono, par commandement du Taico, print l'Isle par force, & la donna à vn bon soldat, nommé Vincent Fuicomondono Chrestien, & fils de Iaques Fibia Rioquies vn des plus anciens & plus hõnorables Chrestiens du Socai, la maison duquel auoit dez le commencement esté le logis ordinaire, de noz Peres, voire seruoit d'Eglise pour dire la saincte Messe, & administrer les saincts Sacremens à tous les Chrestiens, tandis que nous n'y auions pas de maison propre. Ce Capitaine Vincent comme fils d'vn tres-deuot pere, soudain qu'il eut prins possessiõ de ceste Isle, escriuit au P. Vice-prouincial, le suppliant, de luy ottroyer vn de noz Peres, accompagné d'vn Frere, pour y faire leur residence. Ce qui luy fut ottroyé, au grand contentement des habitans qui dans peu de iours receurent tous le sainct Baptesme. Il nous a donné vne des plus belles places qui soyent en ceste Seigneurie, tout pres de son logis, où nous auons dressé vne maisonnette, & vne Chappelle assez commode. Il y a bonne prouision de pierre, bois,

bois & autres choses necessaires pour bastir à la premiere commodité vne belle Eglise. Mais la persequution nous a empeschés iusques à present.

Il y a enceste isle quatorze Bourgades qui ont chacune son Eglise. Les guerres sont cause que le nombre des habitans n'est si grand qu'il souloit, si a on ouy ceste année dix huict cens quatre vingts & treize cõfessions, quatre cens & douze desquelles ont esté generales.

Le Tono allant ces années passées, à la guerre de Corai, laissa le Gouuernement de tout ce païs à sa femme, laquelle dés sa ieunesse auoit esté baptizée au Sacai, & tousiours vescu en bonne Chrestienne. Elle a gouuerné l'espace de ces quatre ans sa maison, & tous le païs, auec telle prudence qu'ayant pres de quarante filles ou femmes à son seruice, on n'y a ouy vn mot de courroux ni de mauuais exemple. Elle auoit bien le soing de tout ce qui dependoit de la maison, comme Marthe: si ne voulut elle pas perdre l'occasion que Dieu luy donnoit pour s'exercer encore en l'office de Marie. Elle dressa tellemẽt toute sa maison, q̃ trois fois du iour, toutes ses filles & femmes s'assembloyẽt pour faire oraison: le matin, sur le midy, & le soir. Auant que se retirer elle faisoit l'examen de conscience, & iceluy fini disoit les Letanies en son oratoire, à deux genouls, toute sa famille luy respondãt. Elle assistoit tous les iours à la saincte Messe, & n'en passoit pas vn sans lire, ou pour le moins ouir lire quelque chose de la vie des Saincts, ou autre liure spirituel. Tous les vendredis elle prenoit la discipline; se confessoit & communioit souuent, &

faisoit faire le mesme à ceux de sa maison. La sepmaine Saincte outre ses autres deuotions, elle fit en cachette, la discipline iusques au sang, & donna plusieurs belles & bonnes aumosnes. C'est la vertu en laquelle ceste Dame s'exerce le plus.

Son mari luy ayant enuoyé de Corai plusieurs pieces de damas de diuerses couleurs, & de grande valeur, pour en vestir ses enfans, & seruans, elle trouua meilleur d'en faire de beaux ornemés pour l'Eglise. Et de faict commanda qu'on fit du damas cramoisin rouge, violet & verd, trois ou quatre paires d'ornemens, chasubles, deuants d'Autels, poiles, & pluuiaus. La sepmaine saincte elle enuoya d'argent autant qu'il en faloit pour entretenir le luminaire du Sepulchre. Le iour de la feste Dieu, apres auoir communié, n'ayant en main autre chose pour donner, elle offrit vne riche robe, que personne n'auoit iamais vestuë, de laquelle nous fimes quelques ornemens necessaires pour l'Autel de nostre Dame. Vne autre fois elle presenta vne ceinture d'argent; bref elle est si affectionnée à faire du bien à l'Eglise, que iamais on ne luy faict present duquel elle n'enuoye vne bône partie, ou quelquesfois le tout pour seruir à l'Eglise. Pour nous, si elle s'apperçoit que quelqu'vn aye besoing de robe ou autre habit, elle le nous enuoye tout faict. Tandis qu'elle s'exerçoit en ces bonnes œuures, Dieu luy ramena son mari sain, sauue, & comblé d'honneur acquis à la guerre. Sortant du Nauire, auant qu'aller en sa maison, il entra en l'Eglise, & se prosternant deuant l'Autel, auec grande abondance de larmes rendit graces à Dieu pour l'auoir conserué

parmi

parmi vne infinité de dangers, qu'il auoit couru sur mer & par terre. Depuis il frequẽte fort les saincts Sacremens de confession & communion.

Estant encore à Corai il escriuit à quelques vns de ses seruiteurs qu'il auoit laissé à Xiqui, de ne faire rien d'importance sans le conseil de noz Peres, auquels il se fioit du tout pour la descharge de sa conscience. Luy mesme nous demande souuent qu'on l'aduertisse, s'il manque en quelque chose en ses façons de faire, & manieres de proceder. S'il sçait que quelqu'vn aye commis quelque forfaict contre la Loy de Dieu, il le faict mettre en prison, & chastier selon son demerite, entretenant par ce moyen la Chrestienté en ces quartiers. Enuiron le Noël voyant la multitude des gens qui accouroyent vers nous de toutes parts, & ayant compassion des pauures, il commanda qu'on les traitast tous à ses despens.

Tout le Quaresme fut celebré cõme la sepmaine Saincte. Car on faisoit les disciplines iusques au sang, non seulement le Vendredi, ains quasi tous les iours de la sepmaine. Les enfans mesme s'exerçoyent en diuerses sortes de penitences. Les vns se lioyent à vne Croix; les autres s'attachoyent deux pierres aux deux bras, tellemẽt qu'ils ne pouuoyent marcher: les autres se couchoyent à trauers la porte de l'Eglise, à fin que ceux qui entroyent les foulassent aux pieds. Chose digne d'admiration en ces nouueaux Chrestiens, qui n'auoyent iamais esté instruicts, ni persuadez à faire telles austeritez & penitences.

Tous les Vẽdredis de Quaresme, le Tono apres

auoir ouy la Messe, s'en alloit à pied visiter quelques Eglises des lieux circonuoisins, & reuenant faisoit assébler tous ses parens & seruiteurs pour ouïr lire la maniere de se confesser, les exhortant luy mesme à se bien preparer pour cet effet. Le Ieudi sainct plusieurs participerent au precieux corps de nostre Redempteur; Le Tono assista à tout l'office, & veilla toute la nuict deuant le S. Sacrement.

Le Samedi sainct furent dressées de belles Fons sur lesquelles on baptiza plus de deux cens personnes, tant de ce païs, que du Royaume de Fingo, d'où estoyent venuz plusieurs qui auoyent resisté au sainct Euangile par quelques années, mais celle cy ayant ouy les Sermons, ils se conuertirent, & receurent le Baptesme, bien marris d'auoir tant dilayé, & perdu le temps auquel ils pouuoyent acquerir tant de merites.

Nous auons experimenté ailleurs de tres-grands fruicts prouenans des Confrairies bien instituées & obseruées parmi les Chrestiens. Qui a esté cause que nous en auons icy dressé vne cette année, de laquelle le Tono est chef, & quelques autres des plus apparens de sa noblesse sont officiers. Soudain qu'il fut entré en charge, il fit donner aux pauures quarante sacs de ris: les autres en donnerent chacun selon leur pouuoir. Nous remarquons de iour en iour le fruict que Dieu tire de ceste Confrairie. Ils viennent de deux lieües pour assister aux honneurs des trespassez. Quelques vns qui auoyent repudié leurs premieres femmes, pour se marier à leur guise, & faict gageure que iamais ne receuroyent les autres en leur compagnie, se sont re-

tractez

tractez pour estre admis en la Confrairie, & congediant les secondes, ont r'appellé les premieres, au grand contentement & trés bon exemple du prochain. Tous les habitãs des bourgades voysines ont demãdé d'estre receuz en ceste Confrairie, & mesmes les Cõtadins d'vne certaine bourgade où ils sont tous pescheurs, gens de petite capacité, & qui auoyent iusques icy retenu quelques idoles en cachette. Pour laquelle faute ils firent tous publiquement la discipline dãs l'Eglise. C'est bien chose qui aduient tres-rarement au Iappon, que d'auoir des idoles en cachette. Car comme les Iapponnois ont l'esprit bon & prompt, soudain qu'ils ont apprins au Catechisme la vanité des idoles, les vns les cassent & font brusler eux mesmes: les autres les portent à noz Peres pour les mettre au feu. Ces pescheurs comme pauures gens & fort simples, auoyent coustume de pescher tous les iours, mesmes les festes, quoy'qu'on les eut aduertis de s'en abstenir. Ils remarquerent neantmoins petit à petit que les iours de feste, ils ne pouuoyẽt rien prendre, la ou les iours ouuriers la pesche leur succedoit tres-bien. Qui fut cause qu'ils se prindrent à mieux garder les festes, estre plus deuots, & fermes en la foy.

Il y auoit vne autre bourgade, les habitans de laquelle n'estoyent du tout destachez interieurement du culte des idoles. Si est-ce que desirãs estre admis en la Confrairie, ils receurent vne telle cognoissance de leur faute, qu'ils tirerent leurs idoles, les vns des cauernes, les autres de leurs coffres, & nous en porterent iusques au nombre de vingt qui furent publiquement bruſlées.

Le iour de l'Aſcenſion de noſtre Sauueur, qui fut la premiere feſte que les Cõfraires celebrerent, furent receuz en icelle plus de quatre cens hommes. Le P. Recteur du college nous enuoya le meſme iour quelques vns de noz Freres pour chanter la grande Meſſe en muſique, auec diuers inſtrumẽs. Le Tono ſe confeſſa & communia auec toute ſa famille. On donna pour ce iour dequoy viure, à plus de cinq cens pauures.

Noſtre Seigneur concourt auec ſes bonnes gens ſelon leur ſimplicité, aydant les vns en leurs neceſſités, chaſtiant les autres, & les confirmant tous en la ſaincte foy. Il y a bien peu de medecins en ces quartiers, qui eſt cauſe que les malades ont recours au Chreſtien qui a charge de l'Egliſe du lieu, & luy demandent des remedes pour leurs infirmités. Ce bon homme, qui eſt cõme marguillier, les renuoye tous aux threſors de la miſericorde diuine, diſant aux vns, qu'ils boiuent vn peu d'eau benite, aux autres qu'ils trempent vn peu du bois de ceſt arbre, auquel apparut il y a quelques années vne croix, dans de l'eau, & puis la boiuent. Par ces moyens il a guari en trois ou quatre bourgades plus de vingt & cinq malades de fieure tierce.

Vne femme qui auoit le col tellement enflé & endurci qu'elle ne pouuoit tourner la teſte, fut guarie auec de l'eau benite qu'on luy dõna, apres auoir recité ſur elle le ſainct Euangile.

Vne autre pour auoir vſé de quelques ſorceleries fut poſſedée du diable, & tellement affligée qu'elle crioit ſans ceſſe. On l'exorciza, luy donna de

l'eau

l'eau benite, si bien que le diable se partit la laissant comme morte.

Vn villageois apres auoir esté aduerti de ne mãger chair le vendredi, ne tenant compte de l'aduertissement, cheut d'vn arbre, & s'estroppia. Punition que ses voisins dirent luy estre aduenue pour n'auoir voulu obeïr à l'Eglise.

Trois habitãs d'vn mesme village qui auoyẽt renom d'estre mauuais Chrestiens, furẽt diuersement atteins: l'vn se couppa les deux iambes, l'autre vn bras, le tiers receut vn coup qui le desuisagea. Depuis ils recogneurent leurs fautes, s'amanderent: & seruirent d'exemple aux autres.

Vne certaine Dame fort deuote, mais qui auoit vn mari bien tiede en ce qui concernoit son salut, remarqua qu'vne certaine espece de vers qui font par fois tel degast en ce païs, que rien ne croist au lieu par lequel ils ont passé, commençoyẽt à rauager ces chãps: elle s'en alla à l'Eglise se recõmanda de tout son cœur à nostre Dame, promettant d'y retourner dans peu de iours pour dire certain nõbre d'oraisons. Ce fait, elle fut reuoir ses champs trouua que les vers estoyẽt tous morts, & n'auoyent passé outre le lieu ou elle les auoit premierement apperceus. Dequoy bien estonné son mari, commença à se rendre plus deuot.

Vn grand sorcier estant venu demeurer en vn village nommé Futaie pour seduire les ignorans, le Marguiller de l'Eglise aduertit soudain tous les habitans, qu'ils se gardassent biẽ de le loger. Nonobstant il s'en trouua vn qui le receut chez soy, mais non sans punition. Car le mesme iour vn sien fils se perdit dans vn ruiſſelet où iamais perſonne n'auoit encouru danger:& le lendemain vne grande pierre du prochain rocher, roula ſur ſa maiſon, & l'accabla deſſous. Tous les voiſins accoururent, firent diligence d'oſter les pierres, bois & arbres qui le couuroyent, & quoy qu'a grande peine, le trouuerent encore vif, mais tout moulu & recognoiſſant que Dieu l'auoit ainſi puni pour auoir logé vn ſi pernicieux inſtrument du diable, contre l'aduis qu'on luy auoit donné.

Au meſme village de Fuſtaie arriua vn autre cas bien remarquable, & fut que les habitãs dudit lieu, ayans (ſuyuant la couſtume du païs) retenu grande quantité d'eau de pluye dans certains lacs ou eſtancs, pour arrouſer leur prez & chãps au tẽps de la ſechereſſe, ce temps venu ils alloyent ouurir les bondes des eſtancs, mais en vain. Car l'eau ne couloit point, quoy qu'il n'y eut choſe qui la retint ou empeſchaſt. Pour remedier à cet inconuenient ils auoiẽt recours à vn ſorcier, lequel par ſes charmes & adiurations diaboliques, faiſoit couler ceſte eau. Ce qui dura pluſieurs années, la choſe arriuant touſiours en la meſme façõ, Mais ceſte année cy les habitans dudit lieu s'eſtans faits eſcrire au liure de la confrairie de noſtre Dame, apres auoir confeſſé la faute qu'ils auoyent ſi ſouuent iterée, & fait paroiſtre le ferme propos qu'ils auoyent de n'y plus retomber, vint le temps auquel ils eurent beſoin d'eau, ils ouurirent le Canal, & voyans que l'eau ne prenoit cours, eurent recours au vieillard qui a charge de l'Egliſe, le ſuppliant de ſe tranſporter ſur le lieu, pour prier Dieu, & faire couler ceſte eau. Le

vieillard

vieillard s'excusa considerant l'importance du fait, & discourant ainsi en soy mesme. S'il plait à Dieu que l'eau coule apres que ie seray arriué là, les Chrestiens en demeureront plus forts & cõstans en la foy: Mais si pour mes pechés elle demeure immobile; Ie preuois bien que plusieurs se refroidiront, & donneront plus de creance aux sorceleries & enchantemens, qu'ils n'ont fait iusques à present. Il se resolut neantmoins de condescendre aux prieres des Chrestiẽs, & s'achemina vers les estancs, où arriué se mit à genouils auec tous ceux qui l'auoyent accompagné, dit auec eux les Letanies, & le Credo, lequel il n'eut pas fini que l'eau commença à couler auec tres-grande facilité. Ainsi furent les nouueaux Chrestiens confirmés en la foy, & particulierement en la deuotion enuers nostre Dame.

Du Seminaire d'Arie.

NOVS auons esté ceste année au Seminaire seize personnes de nostre compagnie, cinq prestres, & onze tant maistres qu'escholiers & Coadiuteurs. Il y a vn Pere qui a particulier soing d'instruire les Chrestiens dudit lieu: les autres outre leurs estudes ordinaires, s'occupẽt encore à confesser, prescher & visiter les Chrestiens és lieux circonuoisins, autant que leur permettent les ordinaires exercices du Seminaire, Si biẽ que ceste année on a ouy sept mille & dix sept personnes en confession.

Quant aux Seminaristes iamais ils ne furent en plus grand nombre, car ils sont cent & vn: sçauoir eſt quatre vingts & treze eſcholiers, & les autres occupez à leur ſeruice, au grand ſoulagement & profit des Chreſtiens.

Tout le Seminaire eſt diuiſé en quatre claſſes, ſans comprendre celle où les enfans apprennent à eſcrire. En la plus haute on faict vne leçon des erreurs du Iappon, à ceux qui ont paſſé par les autres trois & apprins la langue Latine qu'on y enſeigne: Leçon qui eſt de treſgrande importance, tant pour ceux qui doiuent eſtre employés à la predication, comme pour tous ceux qui conuerſent auec les Iapponois. Ceux qui ne ſont propres à l'eſtude, s'employent les vns à peindre de belles images en detrempe, & à l'huyle: les autres à grauer ſur le cuiure; & imitent fort bien les patrons & modeles qui viennent d'Europe, ainſi que vous aurez peu cognoiſtre par celles qui furent ces années paſſees enuoyées à Rome. Ils ont leurs heures aſſignées pour s'exercer tous les iours au chant Gregorien, & à ioüer des orgues. D'où vient qu'ils officient auec beaucoup de deuotion, au grand contentement de tous ceux qui y aſſiſtent.

Le P. Vice-prouincial fut exprés l'an 95. au Seminaire pour admettre en noſtre compagnie quinze des Seminariſtes, cinq Portugais, & dix Iapponnois, qu'il tria parmi vn grand nombre d'autres qui deſiroyent & demandoyent d'eſtre receuz. Tous les Eſcholiers firent grand feſte a ſa venuë, & le receurent, auec force Enigmes, Epigrammes & autres vers & oraiſons latines. C'eſt merueille de voir comme ils eſtudient volontiers, & vaquent à tous les exercices qui les peuuent aduan-

ce,

cer en la cognoissance de ceste langue. Du commencement ils la trouuoyent fort nouuelle, & auoyent bien de la peine à s'y appliquer: mais depuis qu'ils ont gousté le fruict & profit qui en prouient, ils n'ont cessé d'estudier. On les trouue sur leurs liures iusques à minuict: ils les cachent soubs la couuerte de leur lict pour desrobber quelque heure du repos corporel, & l'employer à l'estude.

Pour les entretenir en ceste ferueur, on les faict continuer à composer, & declamer tant en vers qu'en prose Latine, donnant quelque pris à ceux qui font le mieux. Ils ont deux fois ceste année exhibé quelques actions en Latin, & quelques autres en leur langue naturelle, au grand contentement de tous ceux qui leur ont assisté. Bref ils marchent quasi en tout à la façon des escholiers d'Europe, tant pour la pieté que pour les estudes. Leurs parens ne cessent d'en louër & remercier Dieu le createur, tant ils sont ayses de veoir le progrez qu'ils ont faict, tant en la cognoissance de Dieu, qu'ez bonnes lettres. Vn d'iceux vint quelque iour au seminaire, & departit à chasque eschòlier certains presens qu'il auoit expressement portez.

Tous les Escholiers s'addonnent fort à la lecture des liures saincts, & à la frequentation des Sacremens. Ils sont trente & deux qui ont ouy le Catechisme du Concile de Trente, dressé pour les Curez, & l'entendent fort bien, comme ils font paroistre en leurs predications qu'ils font ordinairement és enuirons d'Arie.

Ils sont sortis ceste année vingt de la premiere classe, tous si bien instruicts & aduancez en la lan-

gue

gue Latine, qu'ils la peuuent enſeigner aux autres, & grandement ayder ceſte Chreſtienté.

Pour Noel ils dreſſerent vne creche tres-bien ornée, deuant laquelle chacun offrit au petit enfant IESVS, ce qu'il auoit de plus beau & de meilleur. Ceux qui n'auoyent autre choſe luy offrirent des ieunes, diſciplines & prieres, qu'ils faiſoyent pour le bien & aduancement de la Chreſtienté du Iappon. Ils ſont tant addonnés à la pieté & deuotion, vaquent ſi volontiers aux choſes ſpirituelles, au chant Eccleſiaſtique, & ſemblables exercices, que chacun en parle auec honneur & louange. Si bien que pluſieurs enfans non ſeulement des Iapponnois, ains encore des Portugais, ont inſtamment demandé au P. V. Prouincial d'eſtre admis au ſeminaire, où la commodité eſt ſi belle & ſi grande pour acquerir la vertu & ſcience. Ilz ont ainſi marché iuſques à preſent ſans eſpoir de recompenſe aucune temporelle, n'y ayant de Prelat au Iappon, qui les peut auancer ou meſme premouuoir aux ſaincts ordres. Mais depuis qu'il a pleu à Dieu nous conduire icy le Reuerend Pere en Dieu Don Pierre Eueſque du Iappon, nous eſperons qu'il fomentera, aydera & parfaira ce que iuſques à preſent a eſté ſeulement tracé & commencé en ces quartiers, à la gloire de Dieu, & pour le bien vniuerſel de toute la Chreſtiété de ce païs.

Du College d'Arima, & de ſes Reſidences.

En la ville d'Arima ſize au pied de la fortereſſe d'Arimandono, demeurant ordinairement le

P.Recteur

P. Recteur, auec vn autre Pere, & deux ou trois de noz Freres. Les autres sont espars en diuers lieux, & occupés en la conuersion des payens , & instru-ction des Chrestiẽs. On a ceste année baptizé cent quatre vingts personnes aagées, outre les petits enfans qu'on baptize tous les iours. Plus de deux mille se sont communiés , & six mille cinq cens quatorze confessés.

Tous les vendredis de Quaresme on a presché de la passion de nostre Seigneur; Apres le sermõ la plus part des Chrestiẽs se disciplinoyent, non seulement en la ville d'Arima , ains ez lieux circonuoisins, où nos Peres & Freres, & les Seminaristes mesme sont allé prescher.

Vn de noz Peres passant par vn village , fut aduerti que pres d'iceluy quelques gens auoiẽt trouué vne vieille de plus de soixante & dix ans qui s'estoit pendue elle mesme , & ayant couppé la corde l'auoyẽt laissée pour morte. Biẽ tost apres vindrent quelques autres qui asseurerent qu'elle respiroit encore. Le Pere y accourut quoy qu'il fut nuit, la trouua viue, & ouyt sa confession auãt qu'elle mourut.

Vn Pere allant confesser quelque malade, fut prié sur le chemin d'ouir vn autre qui estoit sur l'heure tombé malade. Ce qu'il feit , & luy assista iusques à la mort qui ne tarda guiere. Puis poursuyuit son chemin vers l'autre, qui recouura sa santé apres s'estre confessé.

En Tacaqu qui est vn lieu dependant d'Arima, ont esté basties de nouueau douze Eglises, assés propres & commodes pour assembler les Chrestiens. On a veu des fẽmes accourir de diuers lieux pour

fourni

fournir de pierre à ceux qui bastissoyent.

Il y a jà sept ans que nous baptizames en Arima vne grande dame, sœur aisnée d'Arimandono, vefue & heritiere du Seigneur d'Isafai, qui est vne riche place size entre Arima & Omura. Elle fut nommée Maxence, & est allée à Dieu ceste année 96. apres auoir en peu de temps donné beaucoup, & de tres beaux exemples de vertus Chrestiennes, ainsi qu'il appert par vne lettre du P. Recteur d'Arima, l'extraict de laquelle i'insereray en ce lieu.

Hier, qui fut le iour de S. Marc, nous enseuelimes Madame Maxence, au grand regret & de toute la ville, & particulierement de nous tous qui sommes en ce College, pour auoir perdu vne Dame qui reformoit toute ceste ville par les beaux exemples de ses vertus. Toutesfois la belle fin qu'elle a faict nous console grandement. Car à vray dire elle est morte comme vne saincte. Depuis sa conuersion elle dressoit tellement toute sa vie, & brusloit d'vn si grand desir de plaire à Dieu & le seruir, qu'elle me sembloit vne religieuse, qui eut tres-long tẽps, & tres-vertueusement vescu dans vn cloistre. Elle estoit fort humble, & de tout autre humeur que ne sont ordinairement les personnes de sa qualité. Depuis qu'elle commença à se confesser à moy, ie remarquay en elle vn extraordinaire soing de son salut, qui alloit croissant de iour en iour. Ie ne luy remonstray iamais chose, en laquelle il y eut charge de conscience, comme il en arriue beaucoup à ceux qui ont tant de bien en main, & tant de gens sous leurs iurisdictions cõme elle auoit, que soudain elle ne suyuit mon conseil, monstrãt par effect que tout son desir n'estoit que de plaire à Dieu, & sauuer son ame, estimant toute autre chose pour rien. C'estoit pourquoy elle ne se lassoit iamais de s'exercer en diuerses œuures de penitence, particuliremét ce dernier Quaresme, elle venoit tous les iours à l'Eglise, & n'en partoit que toutes les Messes ne fussent dictes, quoy qu'il fit bien froid. Iamais elle ne pensoit auoir prou faict, ains demandoit souuent à noz Peres ce qu'il leur sembloit qu'elle peut de plus faire pour plaire à Dieu: s'accostoit de plusieurs Dames deuotes pour apprendre d'elles quelqu'acte de deuotion, & les imiter. Elle auoit faict veu de Chasteté: se confessoit & communioit tous les mois vne fois auec grande deuotion. Le quatriéme Dimanche de Quaresme elle commença à faire vne Confession generale depuis sonBaptesme,& la continua iusques au Mecredi sainct que la maladie la surprint. Elle portoit iour,& nuict vn fort aspre cilice, auoit ieusné tout le Quaresme iusques audict Mecredi, passé plusieurs iours sans rien manger, & quelques autres prenant seulemét vn peu de ris tout cru, & mouillé d'eau. Toutes les nuicts elle prenoit la discipline, & peu de iours auant tomber malade, l'auoit faicte deux fois iusques au sang. Durant tout ce Quaresme elle estoit venuë tous les iours deux fois à nostre Eglise, vne de bon matin, l'autre sur le soir,& bien souuent à pieds nuds. Elle ne s'estoit couchée au lict de tout ce Quaresme, ains s'appuyoit seulement contre vn pillier de sa chambre pour reposer vn peu, se leuoit à minuict,& iusques au iour vaquoit à prieres & oraisons. Elle auoit vn liure

liure de la mort & passion de nostre Sauueur escrit en lettre & langue Iapponoise, lequel elle lisoit toutes les nuicts auec grande deuotion,& bien souuent prenoit son repos le tenant tousiours en main. Ceste austerité de vie entreprinse par vne Dame de tres-simple complexion, & qui auoit esté esleuée fort delicatement, comme fille de tres-noble race, faisoit estonner tous ceux qui en oyoyent parler en ces quartiers. Il pleut finalement à Dieu de couronner ses trauaux,& augmenter la matiere de ses merites, par l'infirmité qu'il luy enuoya. Car quoy qu'elle eut atteint l'aage de quarante ans, Dieu permit qu'elle fut saisie de la maladie des ieunes enfans & filles qu'on nomme la rougeole. Ce fut le mecredi sainct qu'elle comméça à sentir son mal,comme elle se disposoit pour se communier le iour suyuant. Dequoy elle eut vn regret que luy dura iusques au dernier souspir. Elle ne languit que quinze iours,durãt lesquels elle perdit entierement toute la peau de son corps, & sentit de tres-excessiues douleurs, sans donner signe aucun d'impatience, ains loüant & remerciãt Dieu sans cesse. Vn iour auant son trespas, se voulant reconcilier par le sainct Sacrement de Confession, le Pere luy demanda si elle auoit quelque chose qui luy donnast peine ou fascherie; non autre, dit elle, si non que i'ay esté priuée de receuoir la saincte Communion auec les autres fideles. Le lendemain sur le tard on m'aduertit qu'elle declinoit fort, ie fus la visiter, & trouuant qu'elle approchoit fort du dernier poinct, commençay à l'exhorter à bien mourir. A quoy elle respondoit auec action de graces,

loüant

loüant Dieu qui luy auoit donné si bon courage iusques à la fin. Puis me dit, il sera tantost temps. Ce qui me consola grandement, voyant sa grande foy, ferme esperance, & conformité auec la volonté de Dieu. Quelque temps apres elle demeura l'espace qu'on diroit trois fois le *Pater noster* & l'*Aue Maria* ou enuiron, & rendit l'ame, sans dõner signe aucun ni de teste, ni de main, ni de bouche, comme font ordinairement les autres. Auant qu'elle expirast, ie luy mis en main vn grain benit, & luy fis dire trois fois IESVS MARIA, pour gaigner les pardons & indulgences octroyées à ces fins par les Saincts Peres. Telle fut la fin de la vertueuse vie de ceste grãde Dame, que Dieu auoit en peu de temps enrichie de plusieurs vertus. Noz Peres dirent, durant sa maladie, ou à sa mort dix & sept Messes pour elle.

De la Residence de Chingiua.

ON a confessé en ceste residence mille six cens & quatre personnes, baptizé deux cens douze, cõmunié cent quatre vingtz, espousé en face d'Eglise cent quatre vingts & douze. Pour le reste qui s'est icy passé, ie choisiray ce qui est de plus rare.

Le malin esprit entra au corps d'vne femme, & la trauailloit grandement, disant. Ie suis sa mere, ie l'ay esleuée, nourrie, & mariée. Mais voyant qu'elle ne me vouloit nourrir, ie fus contraincte de partir d'icy, & m'en aller viure parmy les payens, ou i'auois quelques parẽs qui m'entretindrẽt. I'auois biẽ tousiours desir de reuenir icy, & mourir parmi les

Chreſtiens, mais comme i'eſtois ià vieille, ie n'eus moyen de ſortir de là, ains mourus parmy ces gentils. Celle-cy l'a bien ſçeu, & toutesfois n'a iamais daigné dire vn *Pater noſter* ou *Aue maria* pour mon ame. C'eſt pourquoy ie me ſuis reſoluë de la tourmenter, & me venger du tort qu'elle m'a faict. Les Chreſtiens oyans ce diſcours, cogneurent bien que c'eſtoit le malin eſprit, luy commanderẽt de ſortir, & voyans qu'ils ne profitoyent rien appellerent le Pere pour la confeſſer. A quoy on ne la peut induire pour lors. Ce que voyant le Pere, mit ſur elle le Breuiaire du feu. P. François Xauier d'heureuſe memoire, & ſe tint aupres priant Dieu. Auparauant comme les Chreſtiẽs commandoyent à ceſt eſprit malin de ſortir de ce corps, il reſpõdoit, ie ſuis trop vieille, ie ne m'en puis aller: Mais ſentant ſur ſoy ce Breuiaire, il cria. Ie ne puis plus demeurer icy. Il faut que ie m'en aille, & ainſi ſe partit laiſſant ceſte pauure femme fort laſſe & affligée. Elle aſſeura depuis n'auoir memoire aucune de tout ce que les aſſiſtans luy diſoyent auoir veu & ouy.

Vn autre Chreſtien fort tiede, & peu ſoigneux du ſalut de ſon ame, fut poſſedé du diable, & deliuré ſoudain qu'on eut mis ſur luy le Breuiaire du P. Xauier.

Vn ſoldat Chreſtien eſtant parti d'icy pour aller à la guerre de Corai, ſans s'eſtre voulu confeſſer, y mourut. Quelques iours apres le diable poſſeda la vefue dudit ſoldat, femme encore fort ieune, qui fut extremement tourmentée par ce malin, Il parloit en elle, & diſoit, Ie ſuis le mari de ceſte femme, qui mourut en Corai, auec grande douleur & re-

pentenc e

pentance de n'auoir obeï aux conseils du Pere Iesuiste,& particulieremẽt pour me confesser. Nous mourumes huict ensemble,les sept furent damnez, ie fus seul enuoyé au purgatoire. Ie requiers au Pere Iesuiste qu'il luy plaise dire vne Messe pour moy, & à mon pere qu'il face dresser vne belle Croix pour l'amour de moy, pourueu qu'elle ne soit posée en tel lieu, où mourut vn tel, qui viuoit fort mal:mais en tel lieu, qu'il nommoit. Et vn tel qui est bon Chrestien aura soin de ballayer & nettoyer aux enuirons de la Croix.Ceste femme estoit ja fiancée à vn autre : le Pere luy pendit au col le susdict Breuiaire du P. Xauier, le diable la quitta soudain, elle se confessa, & peu apres espousa son second mari.

Vne autre ieune fille de quatorze ou quinze ans estoit fort vexée du diable, qui toutesfois luy donnoit quelques interualles.Ses parens s'addresserent à vn bon Chrestien, pour auoir quelque conseil ou remede en ce faict: Le Chrestien les mena tous à nostre Eglise, pria qu'on mit au col de la patiente le Breuiaire du P.Xauier. Ce qui fut faict,& la fille si biẽ deliurée,que le malin esprit ne l'affligea plus.

En vn lieu nommé Iamada, vn certain Bonze, auoit vn sien nepueu Chrestien, aagé de quinze à seize ans, qui estoit souuent & tres-grieuement tourmenté par le diable, lequel ce Bonze adiura selon les ceremonies payennes, inuoquant les Camis & Fotoques. Mais voyant qu'il n'aduançoit rien, il fit appeller vne bonne Dame Chrestienne qui demeuroit pres de là, & luy racompta comme tout se passoit. Ceste femme luy mit vn agnus Dei au col, puis luy lia les pieds & mains auec vn cordon benit. Le diable s'escria, deslie moy, & ie m'en iray. La femme respondit, ie n'en feray rien: il faut que tu endures vn peu, & puis me promettes de t'en aller. Ce que ce malin fit, & le ieune homme demeura sain.

A Moriama vne femme aagée de quatre-vingts ans estant depuis trois ans gisante au lict, fut visitée par vne dame Chrestienne, qui l'exhorta & instruisit si bien que la malade demanda le sainct Baptesme. On appella le Pere qui la baptiza, & le iour suyuant elle mourut.

Vne autre femme payenne se voyant à l'extremité, fit appeller le susdict Chrestien, lequel la voyant si bas qu'elle ne pouuoit attendre la venuë du Pere, la baptiza, & soudain elle rendit son ame à Dieu.

De la residence de Ximabara.

NOVS auons ceste année confessé six mille quatre cens dix personnes: donné la communion à six cens, baptizé six cens trente & cinq ia grands & aagés, & basti quatre Eglises. L'vne est en la terre de Mije fort grande & capable, dressée aux despens des Chrestiens qui ont contribué qui plus qui moins. Les femmes mesme y accouroyent par deuotion, portoyent les vnes du bois, les autres des pierres, bref chacune aydoit selon son pouuoir.

A leur exemple les habitans de Ximabara ont achepté grande quantite de bois, pierre, & autres cements cemẽts necessaires pour bastir vne tres-belle Eglise, outre les aumosnes ja données pour cest effect. Les confraires ont aussi achepté vne belle place pour la conuertir en cemetiere pour leur sepulture.

Ceux d'Vno qui estoyent encore assez debiles en la foy, pour n'auoir peu estre bien instruicts, se sont quasi tous confessez ceste année. Ilz ont leur Eglise, où ils se retirent pour prier Dieu, & ouïr la saincte Messe, quand noz Peres les vont visiter.

A Taira nous auons baptizé plus de quatre cens Payens qui habitoyẽt parmi les Chrestiens. Quelques sorciers & autres personnes scandaleuses, ont esté chassez du mesme lieu : quelques autres qui auoyent laissé leurs premieres & legitimes femmes, sont r'entrez en bon mesnage auec elles. Bref plusieurs qui se vouloyent mal de mort, ont esté reconciliez.

De la Residence de Canzuse.

NOus n'auons ceste année baptizé que quarante personnes aagées, espousé en face d'Eglise soixante, confessé trois mille huict cens ou enuiron, sans comprendre ceux qui se communient trois fois l'an, qui sont pres de quatre cens.

Ils sçauent tous tres-bien la doctrine Chrestienne, non seulement ceux qui demeurent dans la ville, ains les villageois mesme qui se tiennent aux champs, grãds & petits, voire les femmes mariées, la sçauent & disent au temps qui leur est prefix & ordonné. A quoy les excite & ayde beaucoup la commodité des Eglises où ils s'assemblẽt pour cest effect. Car il n'y a village qui n'aye la sienne. Ceste année on en a dressé quatre, outre celles qui furent basties l'année passée.

On a tres-bien pourueu aux necessitez des pauures, leur distribuant habits & nourriture à suffisance, iusques à cent charges de ris. A Cuchonotau & Canzuse ont faict de tres-beaux appareils pour bastir deux grandes Eglises, particulierement à Cuchonotau où les Chrestiẽs ont contribué vne bonne somme d'argent pour cest effect, quoy qu'ils ayent ià vne belle chappelle dressée à l'honneur de nostre Dame, où se void vn grand concours, & deuotion du peuple.

On a ceste année aydé dix ou douze personnes qui auoyent repudié leurs femmes : & particulierement vne qui auoit il y a plus de dix ans quitté son mari, pour espouser vn Payen, auec lequel elle viuoit parmi les infideles. Autant que le diuorce auoit porté de scãdale, parce que les parties estoiẽt fort cogneuës, autãt & plus, a porté de ioye & bon exemple leur recõciliation. Ils viuent maintenant en grande paix & concorde.

Nous auons mis, Dieu mercy, tres-bon ordre à vn grand & cruel abus, que plusieurs femmes commettoyent, les vnes auortant de leur gré, les autres tuant leurs petits soudain qu'ils estoyent nés. C'estoit comme vne coustume iusques à present : mais ils ont commencé ceste année à mieux cognoistre & apprehender l'enormité du crime, & le punir.

Vne femme ayant eu deux enfans d'vne portée, consulta auec son mari veu leur pauureté, d'en

tuer

tuer l'vn, ce qui fut fait, & descouuert à celuy qu'ils nomment Pere de la congregation, qui en ayant cõferé auec celuy de noz Peres qui se trouua sur le lieu, condamna les meurtriers à faire en pleine assemblée vne discipline iusques au sang. Ce qu'ils firent apres le sermon d'vn de nos Freres, auquel il exaggera fort l'enormité de ce fait, au grand contentement & profit de toute l'assistance.

Ceux qui tombent malades ont si bien accoustumé de se confesser soudain qu'ils se sentent mal: qu'il nya plus personne qui meure sans confession, chacun appellant le prestre du plus loing de sa residence.

Vn viellard fort pauure & malade se traina iusques à l'Eglise de Canzuse, disant qu'il se vouloit confesser sçachant bien qu'il mourroit en brief. Le P. Recteur d'Arima s'estant de fortune trouué sur le lieu, auec le Pere qui se tient ordinairement-là, pensa que la necessité auoit contrainct ce pauure homme d'aller ainsi rempant par terre pour obtenir mieux quelque aumosne, & se print à l'interroger pour en tirer la verité. Mais il trouua que le seul desir de la vie eternelle auoit ainsi fait marcher ce pauure homme. Quelque empeschemẽt suruint qui fut cause que le malade attendit depuis le matin iusques au soir, que le Pere reuenãt des champs le confessa & fit conduire à son logis, où il mourut vn iour & demi apres & soudain fut par tout diuulguée l'instance qu'il auoit fait pour se confesser.

Le mesme est aduenu à plusieurs autres, & particulierement à deux ou trois personnes alitées en certaines grottes, où personne ne les visitoit, & qui pis est, où les vns auoient demeuré dix ou douze, les autres pres de vingt ans sans se cõfesser. Il y eut entre autres vne femme, laquelle auoit demeuré dix huict ans gisante dans vne grotte, où les porceaux mesme n'eussent peu habiter, tant le lieu estoit ord, sale & incommode en toutes façons. La faim, fumée & misere auoyent tellement difformé & desuisagé ceste pauure creature, que c'estoit vn tres-hideus spectacle. Le Pere ne peut tenir les larmes soudain qu'il la veid. Elle demeuroit bien pres du chemin par lequel le Pere passoit fort souuent, mais iammais personne ne l'auoit aduisé d'vn si miserable cas. Elle viuoit de quelques legumes q̃ les passans luy gettoyent dans vne vieille escuelle, comme qui les iette à quelque beste. Ce nonobstant elle auoit tres-bon iugemẽt, & vne assés claire cognoissance des choses de Dieu & sçauoit fort bien sa creance, & plusieurs oraisons qu'elle disoit souuent. Le Pere ouït sa confession, qu'elle fit auec plusieurs signes de tres-grande contrition, & peu de iours apres mourut.

Plusieurs hommes venus qui de Meaco, qui d'autres diuers lieux, ont esté cõuertis conuersant auec ceux de Cachinotai & se sont alliés d'iceux pour monstrer le profit qu'ils auoient faict, & le desir qu'ils auoyent de s'entretenir en la foy. Entre autres y arriua vn ieune homme encore payen, qui venoit pour s'embarquer & aller à Cotai seruir quelque grand Seigneur. De fait il entra le mesme iour dans vne nauire qui deuoit partir le iour suyuant: Mais le matin venu, il descendit de nouueau en terre, sans sçauoir pourquoy. C'estoit vne singuliere lire prouidence de Dieu sur luy. Car la nauire estant le iour suyuãt sortie du port, n'alla pas loing dans la mer, sans s'ouurir & partir par le milieu, si bien qu'elle alla au fonds, & fit perir la plus part de ceux qu'elle portoit. Ce cas esmeut tellement ce ieune homme, qu'il parla soudain de se faire Chrestien, auec ferme propos de seruir à Dieu en sa saincte Eglise. Il s'y est rangé, & donne tres bon exemple de vertu, louant & remerciant sans cesse Dieu le createur pour l'auoir deliuré d'vn danger qu'il ne pouuoit euiter, humainement parlant, parce qu'il ne sçauoit nager.

Du college d'Omura & de ses Residences.

QVATRE de nos Peres, & neuf Freres demeurent és terres d'Omura, & vont de lieu en lieu enseignãt les Chrestiens qui sont plus de vingt mille, qui se confessent sans faillir vne fois l'an. C'est à la verité vn grand trauail, parce c'este roüe viue va tousiours tournant, & n'arreste iamais, si est ce que le grand fruit qui en resulte, & l'ayde particuliere que Dieu despart à ceux qui le seruent en cest endroit, donnent force & courage à nos ouuriers de trauailler en la vigne de nostre Seigneur: Ils sont enuiron seize cens qui communyent trois fois l'an. Nous en auons espousé Chrestienement trois cens quatre vingts, & baptizé trois cens quatre vingts & treize jà aagez, qui se sont de diuers lieux des payens, venus retirer ez terres d'Omura.

Les Chrestiens ont monstré ceste annee vn extraordinaire ferueur, principalament au sainct tẽps de Quaresme, quand sur la fin du sermon, on leur monstroit l'image du Crucifix. Car les vns pleuroyent si amerement; les autres faisoyent des disciplines si sanglantes, que chacun s'en estonnoit. Et non contens de s'estre battus en l'Eglise, ils continuoyent encore par les ruës, & deuant les portes des Esglises, si bien qu'il fust necessaire que noz Peres leur deffendissent d'vser de tant de rigueur sur leurs corps, de peur que tels exemples n'estonnassent & detournassent les Payens de se ranger à nostre foy.

Nous escriuimes l'année passée comme il y a ià cinq ans que tout les Seigneurs de Ximo tãt Chrestiens que payens, sont à la guerre de Corai. Don Sancio y a tousiours esté auec les autres, & vescu si vertueusement, que les payens mesmes s'en estonnoyent, & aduouyent ne sçauoir comme vn si grand seigneur se pouuoit en tel aage comporter si modestement & sainctement. Toute sa famille suyt les pas & bon exemple du chef, viuant tresconformement à loy de Dieu.

Le chemin du Iappon à Corai est à trauers vn golfe ou destroict de mer large de cent lieuës, & fort subiect à diuers orages tẽpestes, & naufrages. On tiẽt que durãt ces cinq ans, il s'y est perdu plus de cinq cens nauires, allãt ou venãt pour porter les munitions, ou faire autres negoces. Il n'y a grand Seigneur qui n'en aye perdu quinze ou vingt pour sa part. La prouidence de Dieu semble auoir particulierement exempté Don Sancio, & preserué tellement tout ce qui luy appartenoit, qu'il n'a perdu ni biens ni biens, ni gens. On faict estat de cinquante mille hommes morts durãt ceste guerre, tãt és batailles, que de faim, ou maladies diuerses. Don Sãcio estoit tousiours aux escarmouches & combats auec ses trouppes; si ne sçait on qu'il aye perdu que deux seuls hommes morts de maladie. Les payens mesme l'ont remarqué, & entre autres vn aussi grand riche & puissant Seigneur comme Don Sancio, lequel voyant l'heureux succés de tout ce qui dependoit de Don Sancio dit par plusieurs fois: Il ne se peut faire que la loy d'vn si bon Seigneur, ne soit pure & saincte. Ce fut le principal motif qui le fit resoudre à se faire Chrestien, & rescrite au P. Recteur d'Omura, comme toute sa troupe vouloit receuoir le baptesme soudain qu'il seroit de retour.

Vingt Chrestiés s'estoient embarqués dans vne nauire d'vn grand Seigneur, qui s'en alloit à Corai, mais auant qu'arriuer à la premiere isle qui est sur le chemin à deux lieuës du port, elle s'ouurit & fendit en deux, sans qu'on y peut mettre aucun remede: Tous les payens perirent: Les Chrestiens se recommenderent à Dieu, firent quelques vœus à nostre Dame, s'attacherent à l'arbre & aux voiles, si bien qu'ils allerent tout droict abborder à l'isle. Dequoy les habitans gentils furent fort estonnés, & asseurerent n'auoir iamais veu cas semblable. Les Chrestiens recõneurent bien le benefice de Dieu, & ne se pouuoient saouler d'en louer sa diuine maiesté, & nostre Dame qui les auoit deliurés d'vn si manifeste danger.

Vn des Ambassadeurs de la Chine qui estoit à Corai, prest pour passer au Iappon, s'efuyt de nuict, & mit

& mit en grād peine tous les Iappōnois qui estoyēt là, & particulierement Don Sancio, qui estoit vn des quatre Seigneurs qui l'auoyent en garde. Chacun craignoit que le Taico n'estimast qu'il y eut de leur faute, ne confisquat leurs biens, ou les feit tous mourir comme traistres à leur Seigneur. Et pourtant soudain, que les nouuelles en vindrent à Omura, tous les Chrestiens comme tres-affectionnés à Don Sancio, se mirent en deuotion, firent dire plusieurs Messes à son intention : les cōfreres de nostre Dame disoyent tous les iours le chappellet; ou troisieme partie du rosaire à ceste intētion. Le P. Viceprouincial voulut aussi que chacun de noz prestres dict quelques Messes, & chacū de nos Freres quelques chappellets à ceste mesme intention. Il pleut à Dieu nostre Seigneur de les exaucer tous, & tellement disposer le cœur de Taico, qu'il ne s'aigrit aucunement contre ses Seigneurs, ains contre l'Ambassadeur, le mesprisant cōme homme de bas cœur, pour n'auoir osé comparoistre deuāt luy. Don Sancio auoit tādis bien pourueu à ses affaires, & enuoyé exprés vn de ses gentils hōmes au Iappon, pour en retirer ses fēme, enfās, & seruiteurs, pour les cōduire au lieu que noz Peres iugeroiēt plus asseuré.

Durant les grandes maladies & famine qui regna à Corai, vn Chrestien d'Omura tomba malade, & vint à tel poinct que ses compagnons ayans perdu toute esperance de sa vie, le mirent tout seul en vne maisonnette, hors de toute ayde & secours humain. Aussi estoyent ilz reduicts à telle disette de toutes choses, qu'ils n'auoyent moyen de le secourir. Ce pauure ainsi abbandonné, & n'attendant

dant plus que le coup de la mort, veid trois personnes tres-richement vestues, qui entrerent en sa chambrete, pourtant vne grande image de IESVS CHRIST, laquelle ils appuyerent contre le mur, se mirent à genouls & prierent deuant icelle, puis s'en allerent. Autant en firent ils les trois iours durans, vne fois du iour. La derniere fois qu'ils y furent le malade sentit tres-grand alegement de ses douleurs, & petit à petit allant de mieux en mieux, recouura entierement sa santé, sans aucun moyen ni remede humain. Il le dict à ses compagnons, que n'en vouloyent rien croire. Le P. Recteur d'Omura, qui auoit dés long temps auparauant bien cogneu la simplicité & deuotion de ce soldat Chrestien, l'interroga par plusieurs & diuerses fois sur ce mesme accident, & le voyant si asseuré à dire tousiours le mesme sans point varier, trouua la chose fort croyable, quoy qu'il ne peut asseurer que ce pouuoit estre. Le soldat en est deuenu plus deuot, & communie beaucoup plus souuant.

Il y auoit vne bonne Dame qui auoit demeuré l'espace de dix ou douze ans en mariage, sans auoir enfant ni fille; Ce qui la rendoit si odieuse à son mari & belle mere, que s'ils ne fussent esté Chrestiens, elle estoit en danger d'estre repudiée & renuoyée chez ses parens Mais comme vne autre Anne, elle eut recours aux prieres, & sollicita tant la diuine bõté, qu'en fin elle eut vn beau fils l'octroy duquel confirma beaucoup toute cete famille en la vraye foy.

Vne fillette de celles qui apprennent le Catechisme, ayant coustume d'assister à toutes les leçons

çons, & venir à noſtre Egliſe, nonobſtant le froid, la pluye, & le croiſſant d'vn torrent qu'il luy faloit paſſer, ſa maiſon eſtant des plus eſloignées, tomba malade, & alloit de iour en iour empirant, au grand regret de ſes pere & mere, parce qu'elle eſtoit vnique. Ils ne faiſoyent que pleurer, & la fillette les conſoloit diſant. Vous n'auez poinct d'occaſion de vous plaindre de ce qu'il plaiſt à Dieu me conduire dez mon tendre aage en Paradis. Ses compagnes eſtans allées la viſiter, elle les pria de dire toutes enſemble la doctrine Chreſtienne, comme elles auoyent couſtume de faire en noſtre Egliſe. Ce qu'elles firent, & parmi ces pures & innocentes voix, durant ceſte douce harmonie, ceſte fillette rendit l'ame à ſon Createur. Dequoy toute l'aſſiſtance s'eſtonna fort, & les mieux aduiſez luy en portoyent comme quelque louable enuie.

Vne fort vertueuſe fille Chreſtiēne ſçachant que ſes parens la vouloyent marier à vn Payen, n'y voulut cōſentir. Cōme ils la preſſoyēt fort, & la menaſſoyent voire de mort, ſi elle ne cōſentoit à leur volonté, elle leur demāda trois iours de delay, pour en prendre àduis d'vn ſien parent Payen, auſſi habitoit elle parmi les Payens. Le delay luy fut accordé, & compagnie aſſignée pour la conduire où elle vouloit. Sur le chemin elle print autre reſolution, & s'en alla vers quelques ſiens parens Chreſtiens, eſchappant par ce moyen des rets qu'on luy auoit tendu, & du danger auquel on la vouloit mettre.

Vne femme partit auec vn ſien fils d'vn quartier où ils ſont tous payens, pour ouïr ce qui concernoit ſon Salut. Ayant eſté catechizée, elle reçeut le S. Baptesme, & profita tant en la Foy, que se retrouuant en necessité pour les viures, quoy que ses autres enfans qui estoyent encore Payens, l'inuitassent d'aller demeurer chez eux, elle ayma mieux viure en pauureté auec espoir de mieux faire son salut parmi les Chrestiens, qu'auoir abondance de biens, auec hazard de se perdre parmi les infideles.

Vn bon & deuot Chrestien demanda à vn de noz Peres vne image de nostre Dame peinte en papier, laquelle ayãt receu il tenoit si chere qu'il la pourtoit par tous ses voyages: s'estant vn iour embarqué, & la nauire ayant fait bris, la plus part de ses compagnons se perdirent, il fut en grand peril: si n'abandonna il iamais son image, ains durant la plus grande bourasque, l'attacha à son col, & la conserua sans qu'elle fut mesme mouillée. Ce qu'il tenoit pour vn miracle.

On auoit receu en la congregation nostre Dame, vn ieune enfant de douze à treize ans, qui auoit coustume de dire tous les iours son chappellet, mais pour n'auoir moyen de s'entretetenir à Omure, il fut contrainct se retirer vers quelques siens parens Gentils, qui le solicitoyent tous les iours de quitter la foy. A quoy voyant qu'il ne vouloit prester l'oreille, luy dirent brusquement qu'ils ne le nourriroyent pas s'il ne vouloit viure à leur mode. Qui fut cause que l'enfant se resoulut de retourner vers Omura, & endurer là quelque disette, plustost que renonçant la foy demeurer auec ses parens. De faict il se mit en chemin. Mais ses parens se hontoyans de l'affront

qu'ils

qu'ils receuroyent de n'auoir peu vaincre la constance de c'est enfant, le rappellerent, & luy permirent de viure en bon Chrestien. Comme il faict, disant tous les iours son chappellet, & venant souuent à Omura pour se confesser.

Vn Payen banni de Firando, se retira auec femme enfans & toute sa famille à Omura, où estant tombé malade, vn de noz freres, & quelques siens voysins luy conseilloyent de se faire Chrestien. Son fils aisné l'en destournoit fort, disant qu'il n'estoit pas temps de changer, puis qu'il auoit tousiours bien vescu, ainsi parloit ce ieune homme. Mais son pere se voyant prés de sa derniere heure, & pesant plus meurement ce que nostre frere, & les autres Chrestiens luy auoyent mis en auant, se fit instruire, & peu de iours apres ayant esté baptizé, rendit sõ ame à Dieu. La vefue, & son fils aisné, voyãt l'hõneur qu'on auoit faict au decedé, l'enseuelissant à la façon des Chrestiens, furent vers le P. Recteur d'Omura pour le prier de leur bailler quelqu'vn qui les instruisit en la foy, par ce que toute la famille se vouloit faire baptizer. Ce qui leur fut octroyé. Ils estoyẽt dix & neuf de la mesme famille qui receurent ensemble le Baptesme. L'aisné s'estant peu de iours apres embarqué pour aller à Coraï, fit naufrage & mourut en la mer.

Les habitans d'Isafai commẽcent à se ranger au Christianisme, & s'en vont par troupes à Omura pour ouïr le Catechisme, & puis se faire baptizer. Il y a vn ieune Seigneur Chrestien qui demeure en ces quartiers là, & meine souuent à Omura tantost de ses parens, tantost de ses seruiteurs pour les faire instrui instruire & baptizer. La plufpart des Dimanches il vient à Omura pour affifter à la Meffe, Dequoy les autres Chreftiens font fort bien edifiés, parce qu'il fe tient affés loing d'icy.

Vn Bonze de ie ne fçay quel Royaume voyfin, arriua dernierement à Ifafai,& y commença à prefcher,difant arrogammẽt que les fermons des Chreftiens n'eftoient à parangonner aux fiens, ni à ceux de fes difciples Le ieune Seigneur que deffus,ayant ouy fes venteries, & ne fe trouuant affés verfé aux letres pour confondre ce Bonze, monta foudain à cheual, & arriua fur la minuict à Omura pour prier le P. Recteur d'enuoyer vn de nos Freres pour difputer auec ce Bonze & confondre fon orgueil. Le P. Recteur ne trouua bon que le Frere qu'il demandoit partit de nuict, loua neantmoins fa ferueur, l'aduertiffant de ne faire tant de cas des parolles du Bonze qui ne fçauoit que mefdire. Ce ieune Seigneur s'en retourna content; arriué qu'il fut chés foy dit par tout à haute voix. Tantoft viendra le Iefuifte pour difputer auec ce Bonze. ô cõme il le confondra! Ce qu'oyant le Bonze, & redoutant le rencontre,& le def honneur qu'il eut receu en prefence de fes difciples, s'en alla fi promptemẽt qu'il n'eut pas mefme loifir de dire à Dieu à fes amis.

Tous les payens de ces quartiers, & particulierement d'Omura, auant qu'eftre baptizés, auoyent couftume de faire auorter leurs femmes, craignans ne pouuoir fuftenter tant de famille: mais depuis qu'ils fe font conuertis, & ont commencé à fe confeffer vne fois l'an, ils ont renoncé à toutes ces cruautés, & tiennent maintenant pour vne extreme barbarie vser de tels traicts d'inhumanité. Le diable ne cesse pourtant d'en tenter & vaincre tousiours quelqu'vn. Il y eut vne pauure esclaue laquelle esperant de n'estre descouuerte, fit ainsi perir son fruict. Mais ayant esté conuaincüe, elle fut par sentence du Tono, & de tous les Chrestiens assemblez pour cest effect, condamnée à estre publiquement fustigée : & pareille peine ordonnée contre toutes celles qui commettroyét chose semblable. La sentence fut sur le champ executée en ceste esclaue.

François Roy de Bungo passant de ceste vie à vne meilleure, laissa à sa femme Iule, vne fille aagée de quatorze ans, laquelle tous les Chrestiens desiroyent fort donner en mariage à Dom Line fils de Dom Barthelemy d'Omura, pour l'honneur & bien de tous deux. Quelques gentils & idolatres parens de la fille, la vouloyent colloquer auec vn autre beaucoup inferieur à la fille, tant en qualité de personne, comme en toute autre chose. Ils ne le faisoyent pas pour mauuaise intention si est ce que suyuant leur opinion, on eut fait grand tort à la memoire & merite d'vn si vertueux prince que fut ce Roy François. La fille qui estoit auec sa mere au Royaume de Chicungo, ayant esté aduertie de ce qui se passoit pour son mariage, escriuit de sa propre main au P. Vice-Prouincial pour responce d'vne autre lettre, ce qui sensuyt.

I'ay receu celle qu'il vous a pleu m'escrire, & l'ay leuë, & releuë fort attentiuemét, pour peser le soing qu'aués des petits affaires qui me touchent. Dequoy ie vous remercie tres-humblement : vous asseurant que si iusques à present ie me suis resi-

gnée

gnée entre vos mains, ie le fais d'icy en hors, & feray doresnauant plus volontiers. Que mes parens disent tout ce que bon leur semblera, ie ne vois personne à qui ie me puisse mieux fier qu'à vostre reuerance. Sçachés donc que ie suis resolüe à mourir plustost, qu'endurer, que mon ame soit souillée de la moindre tache de peché qui soit au monde: & que ie desire tãt me retirer en quelque terre des Chrestiens, que quãd il seroit besoin d'aller mendiant de porte en porte pour cest effect, ie serois tres-contente de le faire. Car quand i'aurois toutes les richesses du monde en ma disposition demeurãt parmy ces infidelles, ie ne sçaurois viure en paix ni receuoir contentement aucun. Ie souhaitte fort demeurer prés d'vne de voz Eglises; à quoy ie vous supplie m'ayder & secourir de vostre credit & authorité. La vertu du feu Roy François mon pere, me semond & resueille sans cesse, si biẽ que parmy les trauaux que ie souffre, ie ne permettray pas que mon ame s'esgare, aydant Dieu. Ie ne tiens pas grãd compte des plaisirs & delices de ce monde; ce que ie desire le plus sont les consolations & contentemens spirituels, desquelz ne pouuant iouyr en la maison & compagnie d'vn payen & idolatre, ie me garderay bien d'y entrer. A tant ie supplie derechef vostre reuerance qu'il vous plaise trouuer moyen que ie me retire en terre des Chrestiẽs. Peu de iours apresque la susdicte lettre fut enuoyée, Dieu ouurit & à la mere & à la fille le chemin pour se retirer à Nangasaqui, où elles se tiennent maintenant, à leur grande consolation.

De la Residence de Firande.

IL n'y a qu'vn de nos Peres auec vn Frere qui demeure à Firande, & a soing des Chrestiens de ce quartier, qui ne sont pas beaucoup en nombre, à cause que leur Seigneur est payen, mais ils sont espars en tant de lieux, qu'ils baillent beaucoup de peine à visiter. Outre que le mesme Pere a charge des Eglises de Goto, distantes du Iappon pres de quarante & trois lieuës, & des Chrestiens de Facata. La ferueur & deuotion des habitans de Firande nous soulage vn peu parmy les trauaux qu'il faut endurer pour eux. Car ils sont deuots & affectiónés à la frequentation des saincts Sacremens, particulierement de l'autel, & à la confession, & ce tant les vieux que les conuertis de nouueau. Ce que fit bien paroistre vne Dame Chrestiene, niepce du Tono de Firande, laquelle ayant esté baptizée depuis cinq mois, & se deuant confesser pour espouser en la face de la saincte Eglise, le fit auec autant de respect deuotion & iugement, comme si elle fut esté chrestienne dés long temps.

Nous auons ouy enuiron trois mille trois-cens soixante & dix personnes en confession : onze cens quatre vingts se sont communiés à diuerses fois, non seulement à Pasques ains encore à Noël & le feroyent plus souuant si on pouuoit condescendre à leur deuotion. Cent-soixante deux ià grands ont esté baptizés.

Le fils aisné du Tono de Firande, quoy qu'il soit encore payen, nous donne toutesfois bône esperance de ce de se ranger bien tost à la foy. Car il est naturellement bien affectionné. Son Pere luy doit bie͂ tost renōcer & mettre en main tout son pouuoir & authorité, suyuant la coustume du Iappon: Ce qui luy dōnera plus de liberté pour se faire Chrestie͂, sa femme madame Mitia, fille de feu Dom Barthelemy Seigneur d'Omura, est Chrestienne, & quoy que demeurant parmy les payens, il ne luy soit possible d'ouir Messe ni sermon, si ne manque elle pas de faire en particulier ses deuotions, auec ses dames qui la seruent, & de se confesser pour le moins vne fois l'an. Pour cest effect elle appelle tousiours quelqu'vn de noz Peres. Il y a peu de iours qu'elle ayant enuoyé vers le Pere qui se tient à Firande, pour l'ouyr de confession, le Pere y alla, & approchant de la ville, luy enuoya dire qu'il craignoit receuoir quelqu'affront de son beau-pere, s'il entroit de iour, & partant la prioit de trouuer bon que ce fut sur le tard. Elle respondit, Ie desire que ce soit de plain iour, affin que chascun sçache ce que ie fais. Car ie ne veux pas qu'on ignore que ie suis Chrestienne. Nous esperons qu'elle seruira d'vn grand instrument pour la conuersion des gentils en ces quartiers là.

Nous visitons les Chrestiens de Goto vne seule fois l'an, parce qu'ils sont espars en diuerses isles fort escartées. Les habitās sont de leur naturel fort paisibles & doux. Soudain que le Tono Chrestien, qui a succedé au trespassé qui estoit payen, sera reuenu de Cotai, nous esperons que plusieurs se feront Chrestiens.

Nous n'auons peu visiter ceste année cy les

Chreſtiens de Facata , parce que leur Seigneur nommé Cobaicaua , n'eſt aucunement affectionné à noſtre ſaincte Loy ains du tout voué aux Camis & Fotoques. Si auons nous eſté bien aduertis & aſſeurés que les Chreſtiens tant de la ville de Facata comme des lieux circonuoiſins ſe tiennent bien fermes & reſolus en la foy , voire qu'il y a pluſieurs payens bië diſpoſés à receuoir le ſainct Bapteſme, les Chreſtiens les y ayät ià diſpoſés. Pluſieurs quittent leurs maiſons pour quelques iours , & viennent de bien loing pour chercher nos Peres. En noſtre abſence ils y s'exercët aux œuures de charité, font des cueillettes de diuerſes aumoſnes , pour les diſtribuer au pauures. Quelqu'un les aduertit que nos Peres qui viſitent les villages voyſins d'Omura ſe trouuoyent ſouuant en neceſſité de viures & autres choſes , parceque les Chreſtiens y ſont fort pauures. Qui fut cauſe qu'ils enuoierent de quinze lieuës loing des prouiſions d'huyle, vin & choſes ſemblables, ſelon leur pouuoir.

Vn Chreſtien qui auoit autresfois eſté inſenſé, guerit depuis de ce mal, & à perſeueré pluſieurs années à faire tout ce que les bons Chreſtiens ſont obligez de faire, aſſiſtant à la Meſſe, ſe confeſſant & communiät fort deuotemët. Mais ceſte année il eſt retombé en freneſie, telle toutesfois qu'il n'en veut qu'aux Camis & Fotoques. Car il en iette par terre tant qu'il en trouue. Il court ſans aucune apprehenſion , par les terres des Gentils , & n'eſpargne rien qui appartienne aux faux Dieux. Il les briſe tous, ſans nuire à perſonne, ni prendre rien, ſi ce n'eſt de ce qui appartient auſdicts Camis & Foto que

s

ques. Les Payens tous estonnez de ce faict, en escriuirent à ses parens & voysins, se plaignans du tort que ce fol leur faisoit, & menassans de le tuer, ou se vanger sur leurs biens & personnes. Car eux estans tous Chrestiens, ils ne se pouuoyent persuader que les actes de ce fol ne leur aggreassent, ou qu'ils ne l'eussent induict à ce faire. Demandoyent donc au moins que ce fol fut lié, & tenu chez soy, en chartre. Ce que les Chrestiens leur accorderent pour euiter bruit, & par ce que le Seigneur des lieux que ce fol auoit le plus couru, estoit Payen, & eut mal prins tout ce qu'on luy eut autrement peu respondre.

En l'Isle de Taxima, qui est sur le chemin de Corai, où se tient la fille de Taëno Camidono, femme du Siegneur dudict lieu qui est Chrestien par le moyen d'icelle, il y a plusieurs payens qui demandent le sainct Baptesme : mais iusques à tant que la guerre de Corai aye prins quelque fin, on ne peut satisfaire à leur desir. Car leurs principaux chefs sont en ces quartiers là, où ils gardēt les Chasteaux & forteresses du Taïcò. Si est-ce qu'vn bon Chrestien, qui a pouuoir de noz Peres, a baptizé ceste année vingt personnes en attendant. L'integrité de vie, & bon exemple que donne la susdicte Dame, sert d'vn bon sermon tant pour entretenir les Chrestiens, que pour conuertir les Payens.

Du College de Nangasaqui, & des residences qui en dependent.

PArce que la Nauire de la Chine, vient tous les ans surgir à ce port, & beaucoup de bannis, & autres pauures gens qui n'ōt dequoy viure ailleurs, abbordent auec elle, nous voyons ce peuple croistre tous les iours, tant en nombre de gens, qu'en multitude de beaux edifices qu'ils dressent de noueau. Ce qui nous taille nouuelle matiere pour les instruire & enseigner. Les estrangers qui s'arrestent icy, voyans que tout le païs est peuplé de Chrestiens, se font instruire le plustost qu'ils peuuent, & puis baptizer. La plus grande & continuelle peine que nous ayõs icy est d'aller denuict & de iour ouïr les confessions des malades, tant de Nangasaqui, que des lieux circonuoisins à deux ou trois lieües à la ronde. Mais la grande affection que ce peuple porte aux choses sainctes, diminuë beaucoup la peine qu'on prend apres eux.

Depuis le commencement de ceste année 1596. iusques au quinziéme de Septembre, nous auons ouy à Nangasaqui seulement, sans compter ce qui s'est passé aux residences, sept mille six cens quarante & quatre confessions. Il y a eu deux mille deux cens quatre vingts & deux communians; & quatre cens trois personnes ià grandes qui ont receu le sainct Baptesme. Car de petits enfans & filles on en baptize tous les iours sans nombre.

Les principaux & plus honnorables personnages, sont ceux qui s'exercent le plus aux vertus Chrestiennes. Ils ne se mettent poinct en chemin soit pour voyager dans le Iappon, ou dehors, qu'ils ne se soyent confessez, communiez, & ayent faict leur testament. En quoy & choses semblables, on remarque qu'ils vont tous les iours croissant en vertu & deuotion.

Le Mecredi des Cendres, le cõcours de ceux qui les

les vindrent prendre, fut si grand, qu'ils abbatirent par deux fois les grands balustres qui diuisent le cheur de la nef.

Tous les vendredis de Quaresme, on a veu les rues pleines de personnes qui se battoyent iusques au sang, tant hommes que femmes, au grand estonnement de tous ceux qui les voioyent, particulierement icy ou les Seigneurs sont payens.

A l'instance des plus anciens de la ville, fut faicte la nuict du Ieudy sainct vne belle procession, à laquelle assisterent quatre vingts & dix qui se disciplinerent tout le long d'icelle, quoy que plusieurs eussent de iour faict le mesme. Plusieurs autres y assisterent faisans diuers actes de tres-rigoureuse penitence.

Il accourut le iour du grand Vendredi tant de peuple pour adorer la saincte Croix, que la ceremonie dura iusques à deux heures apres midy, & si on ne l'eut retirée pour finir l'office, ils eussent continué iusques à bien auant dans la nuict.

Les Iapponnois sont fort affectionnez à toutes les ceremonies de l'Eglise, mais particulierement à porter force beaux vaisseaus pour prendre de l'eau benite qui se faict le Sammedi veille de Pasques & s'en seruir cóme de medecine en leurs infirmitez. Ils emportent aussi auec grande deuotion du feu nouueau chacũ en sa maison. Apres la benediction des fons baptismales, cent vingt & vne personne catechizées & disposées pour cest effect, receurent le sainct Baptesme.

Durant le Quaresme plusieurs par deuotiõ s'abstiennent de vin, les autres de poisson, vsant seulement d'herbes & legumes,&adioustãt ces rigueurs volontaires au ieusne qu'ils gardent tres-estroictement. Plusieurs suyuant le conseil de l'Apostre s'abstiennent du mariage, pour vaquer plus librement à la priere & deuotion. Il y en a qui viennent des Royaumes de Bungo & Amangucci, distans quarante ou cinquante lieuës d'icy, pour visiter les Croix, prier dans noz Eglises, & meriter quelque chose deuant Dieu. Ils portent tres-grand honneur aux sainctes Reliques, aux Grains benits, Agnus Dei, & choses semblables, & les tiennent comme bonnes armes contre tous les assauts & embusches des diables.

Ils sont si soigneus obseruateurs des Commandemens de l'Eglise, qu'en leur extreme pauureté, estans comme ils sont pour la plus part subiects aux Payens, qui les forcent de trauailler en tout temps s'il aduient que la saison les inuite à labourer leurs terres quelque iour de feste, ils viennent au prealable à l'Eglise requerir qu'on les dispense, à ce qu'ayans ouy Messe ils puissent trauailler; eu esgard à leur pauureté, & à la necessité.

Ils sont tant addonnez à la penitence & mortification de leur corps, que bien souuent auant que venir aux pieds du prestre pour faire confession, ils ont plus faict de penitẽce, que le confesseur ne leur en eut imposé.

Vn estranger Payen, ayant sur sa colere, tué vn autre payen son compagnon, fut prins, mis en prison, & sententié à mort. Dequoy les confraires de la Misericorde aduertirent soudain noz Peres, pour auoir vn de noz Freres qui l'exhortast. Il y fut enuoyé,

uoyé, & de premier abbord demanda à ce pauure homme s'il se vouloit point faire Chrestien. Cela ne m'est encore passé par la fantasie, respondit-il. Nostre Frere luy discourut vne & deux fois de la difference qu'il y a entre la Loy de Dieu, & la secte des Icosches que ce patient suyuoit : mettant en auant plusieurs & tres-pertinentes raisons pour lesquelles il monstroit la vanité & faucetè de toutes telles sectes. Mais il battoit l'air, & trauailloit en vain. Dequoy s'apperceuant, il changea de maniere de proceder, & demanda à tous les Chrestiens qui luy assistoyent, qu'ils se missent à genouls, & priassent pour ce pauure obstiné. Ce qu'ayant dict, il sortit de la prison, & s'en retourna au College. A peine fut il entré dans la maison, qu'on courut apres luy pour le rappeller en diligence de la part du patient. Il retourna donc en la prison, & apres l'auoir bien catechizé, luy fit administrer le baptesme. Puis luy demanda que c'estoit qui l'auoit auparauant empesché de prester l'oreille à la verité; il respondit : i'auois faict veu à Amida, de ne l'oublier iour de ma vie, & ne quitter iamais son seruice. Mais depuis que vous auez fait prier Dieu pour moy, ie me suis trouué tellement changé, comme si on m'eut donné vn cœur tout nouueau : & si embrasé du desir de sçauoir ce qui touchoit mon salut, que ie n'ay eu repos aucun que vous oyant. On luy fit peu apres entendre les biens qui se faisoyent en la confrairie de la misericorde, en laquelle il demanda estre admis, comme il fut, & mourut aussi constamment que s'il eut long temps vescu bon Chrestien, ayant tousiours en bouche les saincts

noms

noms de IESVS & Marie, bref priant toute l'assistance d'auoir souuenance de luy en leurs prieres.

Il y eut vn homme en ceste terre, qui n'auoit qu'vn petit fils, lequel il cherissoit fort, tant pource qu'il estoit vnique, les autres luy estās morts, comme parce qu'il n'auoit esperance d'en pouuoir plus engendrer, estant ia vieux. Cest enfant tomba malade de la rougeole, & comme il estoit quasi guari, s'en trouua si furieusement resaysi, qu'on le iugea estre en hazard de sa vie. Les pere & mere se voyans priuez de tous moyens & remedes humains, eurent recours aux diuins. Le pere assembla tous les habitans de son quartier, & les mena à l'Eglise de la misericorde, où ils continuerēt chacun à leur tour, l'oraison de quarāte heures, laquelle finie il pria vn de noz Peres de dire la saincte Messe pour son fils. Apres icelle retournant chez soy, il trouua son filz hors de dāger, & en vint porter la nouuelle au College, loüant Dieu pour ceste faueur particuliere. Peu de iours apres l'enfant guarit du tout.

Vn certain marchant estranger venu d'vn Royaume des payés, porter icy quelques denrées, deroba ie ne sçay quoy, fut prins, & soudain condanné à la mort, selon les loix du Iappon. Quelqu'vn luy demanda s'il estoit Chrestien, il respondit qu'estant ieune il auoit receu le baptesme, mais ayant depuis vescu trente ans parmy les payens, il ne sçauoit ni creance, ni doctrine Chrestienne, vn de nos Freres l'instruisit & prepara pour se confesser, ce qu'il fit auec vne tel contentement qu'il ne se soucioit plus de mourir, ayant asseurance que ces pechés luy seroyēt pardonnes par la vertu de la confession.

fession. Comme il fut mené au lieu du supplice, les confraires de la misericorde demanderent au Magistrats gentils, qu'eu esgard au larrecin qui estoit de chose fort modique, il leur pleut luy donner la vie. Le Magistrat respondit, que pour le salut de l'ame de ce pauure homme, il estoit permis aux confraires, y apporter tout ce qui leur seroit possible: mais en ce qui concernoit les loix du Iappon, ils feroient bié de ne s'en mesler point. Au reste parceque le iour estoit climacterique, selon les superstitions des payens, qu'ils ne le feroyent mourir iusques au lendemain. Ainsi le patient fut ramené en prison. Le iour suyuant, comme tous ceux qui le deuoyent accompagner au supplice furent assemblés, il leur dit. Ie suis en grand doubte, si ie suis baptizé. Car quoy qu'estãt fort ieune i'aye receu le nom de Thomas, & me sois trouué au lieu ou plusieurs furent baptizés, si ne suis-ie pas asseuré de l'auoir esté. Mes parens ne m'en ont iamais parlé. Ceste perplexité en chose de si grãde importance, fut cause qu'on le baptiza soubs condition; Dieu luy ayant prolongé la vie d'vn iour, pour luy donner plus grande asseurance de son salut.

Vn Seigneur Payen chargeoit tellement quelques siens subiects Chrestiens, qu'il leur demandoit quatre fois plus de rente que leurs terres ne portoyent de fruict. Les pauures gens pour satisfaire à cest inique tyran, furent contraincts de vendre leurs meubles, & ceux la n'estans bastans d'engager leurs propres enfans, & quelques vns mesme leurs femmes, & se disposer à mourir de faim, sans la misericorde de Dieu, lequel les regardant d'vn

œil

œil de pitié & misericorde, leur donna vne telle cueillette de ris, que iamais hõme ne l'auoit veuë semblable en ce païs : dont ils eurent moyen de payer tous leurs debtez.

Vne femme Chrestienne suyuant son mari qui s'en alloit demeurer en vne autre terre, où il y a plus de Payens que de Chrestiẽs, se trouua en tresgrande peine & danger. Car ce mal-heureux homme la sollicitoit de renoncer la foy, luy disant que noz Peres abusoyent le monde; & puis qu'ils s'en alloyent demeurer parmi les Bonzes & Payens, elle deuoit quitter la loy Chrestienne. Non content des parolles, il vint aux menaces disant qu'il la feroit mourir, si elle ne condescẽdoit à sa volonté : En foy dequoy estant arriué à vn certain lieu fort escarté & solitaire, il massacra en presence de sa femme, vne seruante chrestienne, qu'elle menoit auec soy. Mais la bonne & constante Dame ne fut esbranlée pour tout cela, ains l'en tança & reprint tres aigrement, luy disant: Vous estes vn mal-fortuné, malin & peruers : & ie suis Chrestienne, Sachez que ie veux mourir telle. Ce qu'ayant dict elle se ietta à genouls, s'armãt du souuenir de la passion de nostre Sauueur, & attendant le coup de la mort. Mais il pleut à Dieu d'attendrir le cœur de ce barbare, si bien qu'ils poursuyuirent leur voyage, durant lequel la femme taschoit persuader à son mari, de se retirer en païs de Chrestiens. A quoy il condescendit. Toutesfois il ne cessoit de la solliciter pour retourner vers les Payens, ou pour le moins luy permettre de prẽdre vne autre fẽme auec elle. A quoy la bonne Dame comme Chrestienne, ne voulut iamais

mais consentir. Arriuez qu'ils furent en terre des Chrestiens, elle s'absenta de son mari pour viure en paix. Le mari se voyant delaissé, s'en alla vers Meaco, & sur le chemin se paya luy mesme de ses cruautez, pource que tout forcené il se massacra de sa main propre.

Vn de nos Peres estant allé ouir la confession d'vn pauure hõme, en vn village où les Chrestiens sont fort affligés par leurs Seigneurs payés, comme il fut prest à s'en reuenir, vn bon vieillard le print par la main, luy disant fort doucement, Venés mon Pere, ie vous veux faire voir vn tres-bel arbre. Et l'ayant mené en vn lieu escarté derriere sa maison, luy monstra vne belle croix, haute de deux brasses & demie, disant. Il y a dix ans que i'ay icy tenu ceste croix, depuis que la persequutiõ commença. Ie ne permettray iamais qu'on l'abbatte, brusle, ou mesprise C'est icy q̃ tous mes voysins s'assẽblent pour prier Dieu. Le lieu estoit fort net, bien accommodé, entouré de plusieurs petits arbrisseaux que ce vieillard auoit planté, & la croix toute reuestue de rameaus verds.

On a instruict ceste année plus de trois cens esclaues de Corai, tant hommes que femmes & enfans, qui sont à Nongasaqui. La plus part auoient esté baptizés il y a tantost deux ans, & se sont confessés ceste année. Ils sont fort doux & traictables, & reçoiuent volontiers le sainct baptesme, & apprenent si aysement la langue du Iappon, que la plus part n'ont besoing de truchement pour se confesser.

Le vendredi sainct à nuict close, cõme nos Freres

res disposoyent tout ce qui estoit necessaire pour la ceremonie du iour suyuant, on ouyt deuant la porte de l'Eglise vn grand bruict entremeslé de pleurs & sanglots. Vn des Peres ouurit vne fenestre pour sçauoir que c'estoit. Ils respondirét à genouls, nous sommes tous natifs de Corai : mais comme esclaues nous ne peusmes hier aller en processió. Maintenant nous venons tous ensemble pour demander à Dieu pardon de noz pechés, & luy crier misericorde. Ce que disant ils se battoyent si roide que le sang couloit de tous costés, & fit pleurer la plus part de ceux qui les virent en tel estat. Il a pleu à Dieu de receuoir pour maintenant ces primices du Royaume de Corai pour le salut de leurs ames. L'opinion cómune est que si vne fois on commence à precher le sainct Euangile au Corai (ce qui ne sera malaisé par la voye du Iappon) ils embrasserót volontiers nostre saincte foy, & se conuertiront.

Vn Chrestien commis à la garde d'vne Eglise, se voyant fort importuné des malades pour leur donner quelque remede contre leurs infirmités, & n'en ayant, s'aduisa d'user secretement d'vn moyen extraordinaire. Il print les cendres qui estoyent restées le premier jour de Quaresme, en mesla quelque quantité dans de l'eau benite, & donnoit de ce breuage aux malades, leur disant qu'ils eussent vne viue foy & ferme esperance en Dieu, que ce qu'il leur donnoit s'appeloit medecine de vie. Par ce moyen il guarit iusques à cinquante & sept malades, particulierement de fieure quarte.

De

De la Residence de Conga.

IL n'y a qu'vn Pere accompagné d'vn de noz Freres en ceste residéce, és enuirons de laquelle il a ouy ceste année deux mille quarante & quatre confeſſions: & baptizé ſept cens dix & neuf persõnes, parce qu'on a commencé à introduire la Foy aux quartiers d'Iſafai, où quelque gentil-homme appella dernierement vn de noz Freres pour preſcher à ſes seruiteurs. Ce gentilhõme eſt Chreſtien, & ayant complotté auec vn ſien voyſin, & conſulté auec noſtre frere, de ce qu'ils deuoyẽt faire, reſolurent de faire inſtruire & baptizer leurs femmes & familles, auãt qu'inuiter leurs ſubiects à oüir les ſermons. Noſtre Frere donc commença à preſcher en l'vne de leurs maiſons, où ils eſtoyent quaſi tous Icoſches. Comme le bruit fut eſpars que quelques gentils-hõmes s'eſtoyent faicts Chreſtiens, pluſieurs accoururent pour oüir les ſermons, diſans. Il ne faut pas douter que les diſcours du Predicateur ne ſoyẽt bien fondez, en raiſon puis que tant de grands perſonnages ſuyuent ſa doctrine. Et ayans ouy les ſermons, diſoyent. Nous voyõs bien que la ſecte des Icoſches, & toutes celles du Iappon ſont pleines de fauceté & tromperie. Il faut penſer à nous. A ces fins ils s'aſſemblerent pour y aduiſer, & reſolurent d'enuoyer expres vers leur Bõze chef de la ſecte des Icoſches, pour luy dire. Iuſques icy nous auons tenu la loy des Icoſches que vous nous preſchiez, pour bõne & ſaincte: mais ayant oüy ce nouueau Predicateur, qui apporte mille belles raiſons au contraire, nous desirons que vous preniez voz armes pour disputer contre luy, & le vaincre. Si vous y manquez sçachez que nous ne tiendrons pas desormais grand compte de vostre secte., Ils luy manderent le mesme par deux ou trois fois. Le Bonze respondit assez froidement, qu'il iroit le mesme iour, proposer ses doutes & difficultez au Predicateur. Ceste responce ne les contenta pas beaucoup, tant ils auoyent peur d'estre des-honnorés:& de faict auant que rompre l'assemblée il en y eut vn des principaux qui dict tout hault. Si nostre Bonze gaigne ce nouueau Predicateur, nous sommes bien : mais s'il est vaincu,nous serons tous descriez & des-honnorez:Le Tono mesme s'en ressentira. Ne pensez pas eschapper en fuyant,dict-il au Bonze, si vous nous faites ce des-honneur, n'en attendez autre salaire que la mort. Toutes ces paroles & semblables ne peurent tant gaigner sur le Bonze que de le faire venir au combat. Ce que voyant ces bonnes gens se mirent à ouïr les sermons, & dés ceste premiere fois en furent baptizez quatre vingts.

Vn Payen apres auoir ouy le sermon,retournant chez soy assembla tous ses seruiteurs, & leur dict. I'ay deliberé de me faire Chrestié, puis que ie vois & cognois qu'il n'y a dequoy douter en la loy de Dieu. Si vous me voulez suyure en ceste resolution vous le pouuez faire. Cela pend de vostre volonté: il n'y a personne au Iappon qui vous oblige, ni qui vous empesche de vous faire Chrestiens. Ie veux bien toutesfois que vous sçachiez que ie ne desire desormais tenir chez moy personne qui ne soit baptizé. Car il n'est pas raisonnable que moy adorant d'vn d'vn costé le vray Dieu, & me recommãdant à luy, mes seruiteurs se recõmandent au diable qui est le seigneur des Camis & Fotoques. Ie remercie Dieu de ce qu'il m'a faict la grace de cognoistre qu'il n'y a plus court chemin pour se sauuer, que de viure & mourir en sa saincte Loy. Ce petit discours esmeut quasi toute la famille à ouïr les sermõs, & receuoir le sainct Baptesme.

En Isafai ceux de la secte des Icosches enrageoyent de voir qu'il y eut plus de cent personnes ordinairemẽt au sermon, & que le Pere en auoit baptizé du premier coup soixante, ou plus. Pour empescher ce bien, qui leur faisoit si mal au cœur, ils s'en allerent au Chasteau, & dirent à quelques dames qui s'y tenoyent, qu'en absence du Tono, qui estoit au Corai, on ne deuoit permettre qu'on passast outre és sermons & Baptesmes; que si on poursuyuoit, ils estoyent resolus de combatre les Chrestiens, particulierement ceux qui se faisoyent baptizer de nouueau. Ce qu'oyant ces dames enuoyerent dire aux deux Gentils hommes que dessus, comme bien que le Tono partant pour Corai, n'eut deffendu à ses subiects de se faire Chrestiens, si est-ce que voyant les tumultes qui en pouuoyent sourdre, elles trouuoyẽt bon qu'on mit fin aux sermons. Vn d'iceux respondit. Le Tono sçait bien que ie suis Chrestien, & partant ne trouuera pas mauuais que ie range ma famille à la mesme loy & religion que ie tiens : voyre que i'induise tous ceux que ie pourray à faire le mesme. L'autre gentilhomme qui estoit vn peu plus aagé, dict qu'il trouuoit bon qu'en l'absence du Tono, on ne fit rien qui peut mettre la ville en trouble. Et partant enuoya prier le Predicateur de s'absenter pour quelques iours, & se retirer vers le Pere qui n'estoit qu'à demi-lieuë de la ville, promettãt le rappeller soudain que la chose seroit vn peu accoisée. Car il desiroit faire instruire sa femme, & toute sa famille. Nostre Frere suyuit le conseil de ce bon Seigneur, & peu de iours apres, les Icosches appaisez, retournant au mesme lieu, pour nonante personnes qu'il auoit laissé desirãs le baptesme, il en trouua cent soixante qui furẽt tous baptizez. Quelques payens de ceux qui attẽdoyent pour ouïr le sermon quand les Icosches exciterent ce tumulte, sçachans que le Predicateur se retiroit, enuoyerent apres luy quelques vns de leurs enfans, le priant de les baptizer, parce qu'ils desiroyent aussi receuoir en brief le baptesme eux-mesmes.

Vn pauure Chrestien qui auoit autresfois vescu de son reuenu, & mené grand train, fut assailli par vn homme riche, mais vicieux, qui luy demandoit vne sienne fille pour en mal-vser, & luy promettoit des biens à suffisance. A quoy le Chrestien ne voulant prester l'oreille, partit secretement de ce lieu, auec sa fille, & s'en alla trouuer vn de noz Peres, le suppliãt de la marier auec quelque Chrestien pour pauure & de bas estat qu'il fut. Le Pere promit s'y employer. Tandis la diuine bonté qui secourt & fauorise tousiours ceux qui l'ayment & craignent, toucha le cœur d'vn riche Seigneur Chrestien, qui la demanda pour vn sien filz, & la luy fit espouser. Ils viuent maintenant tres-bien en leur mariage; & le pere de la fille, ne cesse de loüer & remercier

Dieu

Dieu pour l'auoir si bien pourueuë.

De la Residence de Focamé.

VN seul Pere qui demeure en ce lieu, auec vn de nos freres, a ouy plus de deux mille confessions ; & communié trois cens dix personnes. On n'a tenu nombre des baptesmes. Tous les Chrestiens de ces quartiers, viuent si purement & chastement que quand ils sont interrogez sur ces poincts, ils respondent, Mon Pere depuis qu'il vous pleust me donner congé de communier, ie ne cõmets plus choses semblables.

La confrairie nostre Dame les ayde & aduance beaucoup. Car ceux qui auparauãt ne sçauoiẽt leur creance, ny autres oraisons, qu'ils apprennent au Catechisme, voyans qu'ils doiuent estre examinez, les apprennent fort soigneusemẽt. Il y eut vn vieillard lequel sçachant qu'on le deuoit examiner, ne voulut boire ni manger que l'examen ne fut passé, esperant par ce moyen s'en acquitter mieux. Les enfançons de quatre ou cinq ans qui suyuent leurs meres à l'Eglise, voyãs que les hommes & femmes redisent à haute voix ce que deux enfans leur enseignent, quand ils sont retournez en leur quartier, s'assemblent par bandes emmy les rues, pour dire la doctrine Chrestienne, d'où vient que la plus part la sçauent parfaictement, auant qu'ils ayent sept ans.

Vn Tono d'vn lieu voysin, ordonna qu'on donnast par ses terres vn certain signe, au son duquel chacun eut à se trouuer à l'Eglise pour apprendre la doctrine Chrestienne. Que si quelqu'vn venoit trop tard, il le chassoit luy-mesme, disant qu'ils n'estoyent dignes de se trouuer en vne telle compagnie, puis qu'ils estoyent si paresseux. Ce qui les esueilloit tellement que chacun s'efforçoit estre des premiers, auant qu'on commenceast.

Vn Chrestien demãdant vn grain benit, le Pere luy refusa, parce qu'il ne sçauoit le Catechisme, & n'estoit assidu à l'Eglise. Delà à deux ou trois iours il retourna vers le Pere, & recita mot à mot toute la doctrine Chrestienne. C'estoit vn pauure estropié, qui cheminoit des genouls, s'aydãt des mains le mieux qu'il pouuoit, & venoit ainsi d'vne grosse lieuë loing d'icy, à trauers de fascheuses mõtaignes: mais tout cela ne luy sembloit riẽ au pris du grain benit qu'il desiroit recouurer.

Vn honnorable vieillard aagé de quatre-vingts ans, estant tombé malade, le Pere en fut aduerti, pour l'aller confesser, mais le vieillard le contremanda par vn sien parent, disant qu'il n'estoit besoin que le Pere print tant de peine pour luy: & tout mal disposé comme il estoit, sans en donner aduis au Pere, se mit en chemin, ne faisant qu'vne lieüe par iour, à cause de son aage & infirmité: au troisiéme il trouua le Pere auquel il se confessa. Autant en fit vne femme enceinte, marchant trois iours pour se pouuoir confesser.

Vne autre femme estãt partie du village où elle se tenoit pour aller ouïr la Messe & le sermon, fut sur le chemin mordue d'vn serpent. Elle ne s'arresta pourtant, ains poursuyuant son chemin, s'en alla droict à l'Eglise, ouyt la Messe & le sermon sans se plaindre

plaindre, ni donner ſigne aucun du mal qu'elle enduroit. Apres la Meſſe & le ſermon, elle s'en alla droict au Pere luy declarer le mal qu'elle enduroit; on luy donna du contre-poiſon qui la rendit ſoudain ſaine & alegre.

De la Reſidence d'Vquime.

LEs Chreſtiens d'Vquime, ſubiects de Don Sancio d'Omura, ſe ſont rendus ſi deuots enuers noſtre Dame, depuis qu'ils ſe rangerent à la Congregation, que ſans autre perſuaſion ils luy ont dreſſé vne belle & ample Egliſe, où ils luy offrent force perles toutes les fois qu'ils retournent de la peſche d'icelles. Noſtre Dame s'agrée en leur deuote ſimplicité, & les fauorit en toutes leurs neceſſitez.

Ce païs eſt fort ſubiect aux inondations, à cauſe des torrens qui courent à trauers ces montagnes, & s'enflent extraordinairement. Vn d'iceux eſt tellement ſorti de ſon lict ceſte année icy, qu'il a emporté iuſques à la Mer pluſieurs maiſons de bois, que les Gentils & Payens auoyent baſti ſur le bord d'iceluy. Vn grand nõbre de gens s'y eſt perdu. Il y auoit au meſme lieu deux maiſons de Chreſtiens qui furent emportées comme les autres, & flotterent ſur l'eau vn iour & vne nuict. Les pauures gens qui auoyent eſté ſurprins dedans, reclamerent noſtre Dame, luy firent quelques vœus, eſperant en ſa faueur & interceſſion, de laquelle ils ne furent fruſtrez, ains ſe virent bien toſt arreſtez en vn lieu, d'où ils deſcendirent ayſément à terre.

Ce fut toutesfois à six grandes lieuës arriere du lieu où leurs maisons auoyent esté auparauant basties.

Il y a bien mille cinq cens ames Chrestiennes à Toquitru, & entre autres vn aueugle qui ayde à mettre en terre les morts, & va par les villages enseigner la doctrine Chrestienne, marchant aussi asseurement & promptement que plusieurs clair-voyans. Les Chrestiens viuent fort pauurement en ceste contrée, se sustentans pour l'ordinaire de racines, glands, oignons, porreaus auec quelque peu d'orge & des poids ciches. Car de ris ilz n'en voyent quasi poinct. Ils sont neantmoins tres-joyeux, frais & sains, tellement qu'il n'y meurt quasi personne que de vieillesse. S'ils ont quelque maladie, particulierement de fieure, ils recourent à l'Eglise, & soudain que l'excez les prend, boiuent vn peu d'eau benite, & demeurent là se recommandant à Dieu, lequel eu esgard à leur simplicité, leur rend bien souuent la santé.

Des quartiers de Meaco

Iacoit que la persecution meuë il y a dix ans, ne cesse encore, si est ce que le subiect d'impostures ayant commencé à manquer à noz calomniateurs dés le sept ou huictieme an d'icelle, les choses sont par la grace de Dieu tousiours allées de bien en mieux, sa diuine prouidence voulant que le Taico s'addoucit peu à peu enuers nous. A quoy a beaucoup serui vn extraordinaire cócours de la noblesse de ces quartiers,

tiers, qui dés l'année passée commença & continue encore tous les iours à s'assembler tant à Meaco qu'a Omura (qui sont les deux villes ou les gentils hommes habitent le plus) pour ouïr les sermons de nos Peres & Freres. Il y a plusieurs gentils hommes ia baptizés, qui ne cessent de solliciter leurs amys & voysins de se faire instruire en nostre saincte foy, & ne nous donnent treues ni repos aucun.

Ghenifoin qui tient encore vne partie de Meaco s'est tousiours monstré fort doux enuers nous, comme celuy qui a deux fils, quelques nepueus, & autres parens Chrestiens, voyant que ce encours alloit croisant de iour en iour, & craignant d'estre reprins par le Taico pour ne l'auoir empesché, comme chose contraire à ses edicts & ordonances, luy en a par trois fois ouuert le propos, luy declarant que plusieurs & notables personnages desirent fort ouïr nostre doctrine, & comme elle est nouuelle en ces quartiers, prennent plaisir à passer quelque temps à discourir d'icelle. Dequoy le Taico ne s'altera ni esmeut aucunement ; ains plustost fit demonstration de le sçauoir bien, & dissimuler.

Le Pere Recteur qui pour la longue experience qu'il a du païs, & particulierement des qualités du Taico, cognoit bien les meurs & humeurs de tous, desiroit grandemēt moderer ce cōcours, ou pour le moins faire qu'il fut aussi secret que la necessité de l'affaire requiert. A ces fins il s'est parfois absenté pour quelques iours de la ville : autresfois il a faict entendre aux Seigneurs payens qui venoyent chez nous ouïr le catechisme, en quel & combien grand danger ils se mettoyent eux mesmes, & toute la

Chreſtienté de ces quartiers,s'ils venoyent à irriter de nouueau le Taico. Ce nonobſtãt voyant d'autre part ceſte belle occaſion & opportunité de gagner vn bon nõbre d'ames,& l'inſtãce auec laquelle ces bõs Seigneurs l'importunoyẽt pour eſtre inſtruits, il craignoit fort que les eſconduire, ou s'oppoſer à leur deſir,ne fut reſiſter au mouuementdu S.Eſprit.

Vn gentil-homme Chreſtien, mais encore aſſés foible és choſes de la foy, eſtant allé à Meaco, & ayant veu le grand peuple qui venoit nuict & iour chés nous pour ſe faire inſtruire, en fut merueilleuſement eſtonné, & craignant qu'il n'en aduint quelque grand mal tant à nous qu'à toute la Chreſtienté du Iappon, enuoya homme expres vers noſtre pere Vice-prouincial, l'aduertiſſant d'y mettre promptement ordre & commander à noz Peres qui ſont à Meaco & à Ozaca, de retrancher ces aſſemblées, & ne s'expoſer à ſi euident peril. Il apprehenda ſi fort l'affaire, qu'il ſe reſolut d'informer le Taico du tout.Ie croy bien qu'il le fit de bon zele, & pour deſcouurir l'intention du Taico, qui eſt ſon intime, & l'ouyt volontiers,toutesfois auec vne contenance qui monſtroit aſſés comme il ſçauoit le tout d'ailleurs,& diſſimuloit.Pour toute reſpõce il luy dict ſemblables termes. Ne vous meſlés plus de cela,Car ce qui concerne le ſalut, depend de la volonté d'vn chacun.

Quant au fruict qui s'eſt faict ceſte année par le Iappon,il le faut d'autãt plus priſer,que les empeſchemẽs & contradictions ont eſté plus grãdes,particulierement en ces quartiers de Meaco,tant pour le voiſinage du Taico, & de la cour d'où emanent

quaſi

quaſi toutes les loix du Iappon, que pour la multitude de noz aduerſaires & calõniateurs, & ſur tout des Bonzes idolatres, qui ſont icy en treſ-grand nombre. Si eſt ce que depuis que noz peres ont mis le pié au Iappon, on n'a veu telles ni ſi continues aſſemblées aux ſermons, ni tant de bapteſmes, & qui plus eſt de gens ſi nobles, comme toute l'année paſſée, & iuſques à preſent.

Il y a ordinairement à Meaco deux Peres & deux de noz Freres, tous predicateurs, & bien occupés continuellement en leurs offices. A Ozaca ne ſont que deux, vn Pere auec ſon compagnon, qui non plus que ceux de Meaco, ne ſe contentent de fructifier dans la ville, ains viſitent par fois les Chreſtiens qui ſont ſur les champs, auec nouuelles conuerſions.

Il y auoit en la baſſe ville de Meaco vn citoyen ſi riche qu'il tenoit plus grand train qu'homme de ſa robbe, & sembloit mieux quelque grand Seigneur, qu'vn marchant. Il auoit eſté de la ſecte d'Amida, qu'ils appellent des Idoſches, & vn des principaux d'icelle: depuis à la perſuaſion de quelques ſiens amis, il ſe rendit il y a enuiron quinze ans, à la ſecte de Xiacca, qu'ils nomment Foqueſquiu, en laquelle il profita ſi bien qu'en peu de temps il deuint vn des plus deuots & plus lettrés qui fut en icelle. Il n'y auoit à Meaco ni Bonze ni ſeculier qui oſaſt entreprendre de diſputer contre luy. Il diſoit tous les iours vn certain liure qu'ils appellent Foquequio, auoit à tous les repas à ſa table des Bõzes, qui liſoyẽt certains liures, & faiſoyẽt diuerſes ceremonies deuãt vn oratoire qu'il auoit en ſa maiſon,

riche

richement orné & paré. Il tenoit là vne lettre d'vn ancien Bonze, qu'on dict auoir esté l'autheur & fondateur de ceste malheureuse secte, gage precieux, & duquel on luy eust baillé vne grosse somme d'argent. Il y auoit aussi trois grandes caisses ou armaires de Fotoques faicts en relief, l'vn desquels nous en enuoyames vn l'année passée aux Indes, pour estre de là transporté en Europe & seruir de preuue de leurs erreurs & aueuglement.

Cest homme & sa femme aussi estoyent intimes amis de Ioseph gouuerneur du Sacai, & de sa mere, lesquels comme bon Chrestiens, voyans ces deux personnes de fort bon naturel, & tres enclines à faire du bien aux pauures, desiroyent merueilleusement les attirer à nostre saincte foy : mais ils estoyent si enueloppés & embarrassés parmy ceste maudicte secte, qu'il n'a esté iamais possible de les en retirer tant soit peu iusques à ceste année. L'occasion fut qu'ils se prindrent garde comme tous les Chrestiens, & particulierement nos Peres, estoyent fort affectionnés aux pauures, & sur tout aux malades, & abbandonnés. Comme ils estoient ainsi esbranlés, vn Chrestien les inuita à ouïr le sermon, duquel ils sortirent tous deux conuaincus, & resolus de se faire instruire. Vn de noz Freres fut chez le Sieur Ioseph pour leur prescher, & fit si bien que la femme se resolut incontinant à receuoir le sainct baptesme, quoy que son mari ne si accordast. Le plus grãd regret que ceste fẽme sentit estoit de n'auoir plustost ouy ce qui touchoit nostre foy, & auoir tant despendu en aumosnes banquets, bastimens & habits faicts à la poste, & pour le contentement des Bonzes.

Bonzes. D'autre part elle remercioit infiniment Dieu le createur pour l'auoir illuminée, luy faisant si clairemét cognoistre sa saincte Loy & volonté, attribuät partie de ce benefice à l'affection qu'elle auoit tousiours porté aux pauures,& à ce peu d'aumosnes qu'elle auoit faict. Quelques iours apres, ayant ouy le Catechisme, elle receut le baptesme auec deux de ses esclaues,& vn sien fils adoptif proche parent du Bonze de Zaca.

Le mari qui se nomme Iean Soque, vint depuis chez nous, comme pour voir la maison. Le pere luy monstra quelques mappes-mondes, spheres & autres instrumens de Mathematique, luy discourant du ciel, & petit à petit vint à parler de la foy, si bien qu'il le fit resoudre à receuoir le baptesme. Ce qu'il fit peu apres auec vne indicible lumiere & intelligence des choses de Dieu. Ce sont maintenant comme deux belles torches allumées pour l'exemple de tous les Chrestiens de ce païs,& particulierement de la ville de Meaco. Ils ont congedié les Bonzes qui alloyent vne fois du mois en leur maison pour y dire certaines oraisons & puis banquetter. Tout le peuple s'estonne fort de ce changement pour auoir veu ces deux personnages bandés contre toutes les autres sectes en faueur des Foquesques. Les Iodesques sectateurs d'Amida lesquels ceste famille auoit auparauant suyui, ont triomphé cötre les Foquesques, les voyans deplumés & priués de l'appuy de ceste maison, soubs l'aisle de laquelle ils se rendoyent merueilleusement rogues & insupportables.

Ce bon Seigneur retourna depuis voir le Pere.
Recteur

Recteur de Meaco, & le pria de vouloir aller dire vne fois Messe en sa maison, de laquelle il auoit chassé tous les Fotoques. Le Pere luy respõdit que ce seroit trop tost, & qu'il falloit attendre que les Bonzes fussent appaisés, & eussent essuyé les larmes que le desplaisir de ceste conuersion leur auoit tiré des yeux. Tandis la lumiere croissant en l'ame de ce nouueau conuerti, & luy faisant plus clairement voir la grande difference qu'il y a entre la solidité de nostre saincte loy, & les fabuleuses chimeres des Bonzes, il s'employe à la conuersion des autres, & a ià induict plusieurs de ses amis, à ouir les sermons, particulierement vn des plus riches Foquesques de Meaco qui fut l'autre iour baptizé, & dict au Pere, qu'il auoit persuadé à vn sien Frere, & à huict Foquesques, d'ouir les sermons, & se faire baptizer. Nous auons parlé notammẽt des Foquesques, parce que ce sont les plus insolens & obstinés sectaires du Iappon, desquels bien peu se conuertissent, quoy que ceux qui embrassent la foy, soyent ordinairement les plus fermes en la foy.

Taico dés le commencement de son regne fit espouser la fille de Quicugondono. Seigneur de deux Royaumes, à Bigen Saxiodono, Seigneur de trois Royaumes. Quelque temps apres ceste dame tomba malade, & eut entre autres vn symptome qui dura quatre ou cinq heures, pendent lesquelles on la tint pour morte; neãtmoins elle reuint à soy. Durant cest accident ces amis firent vne infinité de prieres, vœus, inuocations du diable, & semblables, sorceleries des plus rares & plus fines. Ils assemblerent les Iamabusches qui sont certains sectaires.

ctaires, lesquels font profession de ce sacrifier & offrir au diable; & plusieurs Bonzes des plus lettrés & renommés, qui desployeret toutes leurs superstitions, & impostures. Mais ce fut en vain. Car ceste bonne dame ne fut poinct soulagée, ains sortit hors de soy, le diable qui possedoit son corps, commençant à parler, & dire qu'il estoit Inari de Vocaiama; c'est vn Cami ou Pagode des plus respectés en ce païs, & que tous les autres Pagodes, Camis & Inaris du Iappon, estoyent comprins & renclos en luy. Aduoüoit de plus auoir prins pour soy deux enfans de ceste dame ià decedés, & qu'il estoit prest à partir, mais qu'il craignoit que quelque merueille ne suruint à la patiente le lendemain, qu'il en seroit parti.

Quand le malin esprit entre au corps de quelque personne, les Iapponois disent que le renard le tient, ainsi parlent ils entendant par le renard le diable. Pour le chasser ils vsent de mille sorceleries, superstitions, & traicts d'idolatrie. Pour ceste dame ils en practiquerent vne du tout ridicule; ils firent prendre tout les chiens de la ville d'Ozaca pour les esgorger ensemble, disans que par ce moyen ils feroyent peur au renard que ceste femme auoit au corps. Mais ils n'aduancerent rien. Cependant l'ennemi de tout bien comme fin & mortel ennemi de tout bien, leur mit en teste vn bien plus dangereux dessein. Car Bigen Saxiodono mari de la patiente: & Quitane Mandocore femme de Taico, qui ne partoit point d'aupres de la malade, se resolurent de prier instamment Amida, qui est vn des principaux, & plus respectés Pagodes qui soyent au Iappon,

pon, à ce qu'il rendit la santé à ceste malade, luy promettant & voüant de faire en sorte que tous ceux de la secte des Iecosches, Foquesques & Gensches, sans en excepter pas vn, se rengeroyent à la secte d'Amida qu'ils nomment des Iondosches. Et à fin que leur vœu fut au plustost effectué, ils firent dresser vne liste de tous les principaux, tant Bonzes que seculiers, qu'ils faisoyent appeller vn à vn, pour prester le serment, & signer comme ils se rendoyent dés lors Iondosches.

Ils auoyent entre autres mis dans ceste liste Saquindono, cousin germain du susdict Bigen, lequel fut baptizé l'année passée. Quelques siens amis l'aduertirent de ce qui se passoit. Luy qui est personnage de tres-rares qualitez, ayant meurement pesé l'importance du faict, se resolut de perdre plustost la vie, que soubscripre ceste liste, ou iurer, comme on vouloit. Dequoy il aduertit soudain noz Peres qui estoyent à Meaco par vn gentil-homme qu'il despecha expres, pour les informer de tout ce qui se passoit, ensemble de sa resolution. Noz Peres ayans receu ceste nouuelle, se prindrēt tous à louer & remercier infinimēt Dieu le createur, de ce qu'il luy auoit pleu donner vn si ferme & constant propos à Saquondono, auquel ils manderent de tenir bon, & s'asseurer que deuant mourir pour la confession de la foy, il ne seroit seul, ains que tous ceux qui estoyent chez nous, luy tiendront volontiers compagnie. Cōme on luy faisoit ceste responce, arriua vn autre courrier, par lequel il protestoit, voire auec serment, n'auoir enuoyé le premier pour demander conseil de ce qu'il deuoit faire, parce qu'il estoit

estoit tout resolu de mourir, plustost que fleschir en la foy & doctrine qu'il auoit professée: mais pour donner aduis de ce qui se passoit à noz Peres, & les prier qu'ils recommãdassent l'affaire à Dieu. Noz Peres firent au secõd la mesme responce qu'au premier, & les renuoyerent tous deux de nuict & en diligence, comme leur maistre auoit ordonné.

Le Gentil-homme payen qui auoit faict le premier message, ne fut pas à deux portées d'arquebuze hors de nostre maison, que pensant à la resolution de son maistre, & à la responce que noz Peres luy auoyent faicte, il rebroussa chemin, & vint protester qu'il vouloit estre Chrestien, & mourir pour la mesme cause que son maistre. Il fut catechisé, autant que le temps le permettoit, & soudain baptizé.

Le P. Recteur depescha apres ces courriers nostre Frere Vincent, homme aagé de cinquante ans ou plus, & fort estimé parmi ces Seigneurs, pour son eloquence. Arriué qu'il fut à Ozaca, Saquiondono l'enuoya soudain querir. Le messager le trouua parlant à vn nommé Fuschea Iunai qui l'auoit tiré à part pour luy faire entendre l'importance de ce cas, & luy persuader de trouuer quelque eschapatoire en vn tel danger. Car si on mescontente ces grands Seigneurs, disoit-il, on mettra en hazard Saquiondono, toute sa maison & biens, voire vostre compagnie mesme y trempera. Voyez donc s'il seroit pas plus expedient d'vser de quelque dissimulation ou subterfuge, sans respondre si sec comme Saquiondono estoit resolu de faire. Nostre Frere Vincent repliqua qu'il n'y auoit qu'vn chemin de ſalut, & qu'il faloit pluſtoſt mourir que faucer ſa foy. Ie ſeray, dit-il, le premier à l'execution de ce propos. Autant en dict Saquiondono proteſtant de vouloir mettre ſa vie, pour la foy de celuy qui mourut en croix pour tout le genre humain.

Peu apres arriua chez Saquiondono le ſecretaire qui le venoit ſõmer de la part de Bigen ſon couſin, de ſigner la liſte où ſon nom eſtoit ià eſcrit, & preſter le ſerment qu'il viuroit & mourroit en la ſecte d'Amida. Saquiondono l'ouyt ſans ſe troubler aucunement, puis luy reſpondit en ſemblables termes. Si c'eſtoit choſe qui concernaſt l'honneur ou ſeruice de Bigen Saxiodono, il me trouueroit auſſi soupple & prompt à luy obeïr qu'il m'aye iamais cogneu: Mais puis qu'il me commande choſe contraire à la volonté de Dieu, & du tout deſplaiſante à la diuine majeſté, ie ſuis Chreſtien, & preſt à mourir pluſtoſt que manquer d'vn ſeul poinct en ma foy. Saxiondono ayant ouy vne ſi reſoluë reſponſe, dict. Si telle eſt ſa reſolution, allez l'aſſeurer de ma part que ie le diſpenſe de ſigner, de preſter le ſerment & de tout ce qui en depend.

Ceſt affaire ayant eu ſi heureux ſuccés, Saquiondono enuoya vn courrier pour en aduertir noz Peres: noſtre Frere Vincent donna pareil aduertiſſement, qui conſola infiniment toute la maiſon. Or la cauſe pour laquelle Saxiondono cherit & priſe tant Saquiondono, eſt parce qu'il le tient pour le plus vaillant ſoldat de ſa cour, le mieux armé & monté. Car il nourrit touſiours dix ou douze cheuaux des plus beaux qu'on voye en ces quartiers. Il a baſti à Ozaca pluſieurs beaux Palais & maiſons,

ſons, & faict mettre tant aux frontiſpices, qu'aux girouettes pluſieurs belles croix, au lieu des monſtres, & diuerſes figures de poiſſons & autres animaux que les Seigneurs de ces quartiers y font ordinairement peindre.

La femme de Saquiondono eſtant vn iour allée voir la ſuſdicte Dame, portant vn Agnus Dei au col, quoy qu'elle fut encore payenne, la malade le luy demanda, diſant qu'elle auoit apprins que telle relique auoit grande force & vertu contre le diable, duquel elle eſtoit bien affligée, & deſiroit fort ſe chreſtienner pour en eſtre deliurée.

La meſme nuict que Saquiondono nous donna aduis de ce que deſſus, aduint vn autre cas qui reüſſit à la plus grande gloire de Dieu, & ſinguliere conſolation de noz Peres. Il y a encore en la cour de Taico deux nepueus de Nobunanga, fils de ſon aiſné, qu'on appelloit Ionoſquedono, qui fut tué auec ſon pere. Le premier eſt Saburodono Seigneur de la plus grande partie du Royaume de Mino: L'autre a nom Oquiquidono ieune Seigneur de quatorze ans lequel porte grauée au front l'extraction de ſa race, ſi que qui ne le cognoiſtroit natif du Iappon, le pourroit prẽdre pour quelque grand Prince d'Allemagne, ainſi qu'eſcriuent noz Peres qui l'ont veu. Il y a quelques mois que ce ieune Seigneur vouloit receuoir le ſainct Bapteſme, mais n'ayant pres de ſoy aucun Chreſtien, il ne pouuoit eſtre inſtruit; & d'autre part le P. Recteur craignoit de cauſer quelque trouble à Meaco, & en la Cour de Taico s'il receuoit Oquiquidono entre les Cathecumenes. Mais luy comme meu & appellé de Dieu,ſans tenir grand compte de tous ces vains reſpects, s'en alla vn ſoir chez ſon frere, & ayant communiqué ſon deſſein & vouloir à deux Gentils-hommes Chreſtiens,qui ſont touſiours pres de ſon frere, & à vn nepueu du gouuerneur de Meaco, nommé Michel, & à ſon frere meſme,il vint ſur la minuict chez nous,demandant inſtamment d'eſtre catechizé. Le P. Recteur iugeant par là qu'il eſtoit appellé de Dieu,commanda qu'vn de noz Freres le catechizaſt, & quelques heures apres le baptiza luy meſme;luy donnant nom Paul.Ce n'eſt pas ſans cauſe que Saburondono ayme tant ce ſien frere, (quoy qu'ils ſoyent de deux meres) qu'eſtans enſemble ils ne ſe peuuent laiſſer. Car ils ſont tous deux fort humbles,doux,modeſtes & tres-affables. Noz Peres l'entretindrent quelques heures apres qu'il fut baptizé, pour ſe reſiouïr auec luy de ſa conuerſion, ſe trouuans neãtmoins en peine comme ils l'eſleueroyent & nourriroyent en la Foy.Car ils y voyent beaucoup de difficulté à raiſon de ſa mere, qui eſt fort addonnée au ſeruice des Camis & Fotoques. Combien qu'elle commence à nous voir vn peu de bon œil depuis que noſtre Frere Vincent fut chez Saburondono pour toucher le pous,& penſer premierement ſa mere qui gouuerne tout, & puis vne autre perſonne de ſa maiſon, laquelle n'ayant peu receuoit ayde ni ſoulas aucun des autres Medecins,fut guerie ſoudain qu'elle eut vſé des remedes que noſtre Frere luy auoit ordonné. Ce qui nous faict eſperer en Dieu que nous aurons quelque plus grande entrée en ceſte maiſon pour leur ſalut. Il y eut autres deux Gentils-hommes

hommes qui receurent le Baptesme auec Oquiquidono.

Geni foin Gouuerneur de Meaco, qui par expres commandement de Taico, a particulier soin de ce ieune Seigneur, & de sa maison, ne prendra pas en mauuaise part ce qui s'est passé pour Oquiquidono, puis qu'il a esté bien ayse de sçauoir que ses filz & neueus fussent baptizez. Car tout luy a esté finalement descouuert.

Quelques mois apres que ce neueu de Nobunanga fut baptizé, le P. Recteur nous escriuit ce qui s'ensuit. Paul se tient à vne lieuë d'icy, & ne laisse pourtant de venir à l'Eglise le plus souuent qu'il peut, & de là chez nous, où il conuerse aussi familierement qu'vn de noz freres. Il a ia disposé tous ses pages à se faire baptizer, & s'employe fort à persuader le mesme à sa nourrice, Dame de grande valeur. Sa mere ayãt ouy la nouuelle de sa conuersion, a monstré en estre bien ayse, & mesme auoir quelque desir de faire le mesme. Mais comme c'est vne personne de tres-grand renom & authorité, elle differe pour encore. Bref toute ceste maison des neueus de Nobunanga, semble estre particulierement fauorie de Dieu. Car outre ceux qui sont jà Chrestiens en la cour de Saburondono, il en y a plusieurs qui vont ouyr les leçons du Catechisme, pour se disposer au Baptesme.

Ces iours passés fut baptizé vn frere & vn fils de la nourrice de Saburondono, qui sont apres à l'attirer au mesme. Si elle reçoit le baptesme, comme nous esperons, son exemple profitera à plusieurs. Car elle a tout pouuoir en la maison de Saburondono, & manie tout.

Geni foin à faict reparer la forteresse de Camejama, qui est au Royaume de Tamba, par ce que Taico l'a donnée à Sacondono, aisné dudict Foin, & bon Chrestien, qui tient pres de soy vn tres-feruent Chrestien nommé Sotan, auquel le Gouuerneur donne tous les ans deux mille sacs de ris, & la recepte d'autre dix mille, parce qu'il le cognoit fort syncere à son seruice, courageux, & vaillant soldat. Ce Sotan a dez long temps tres-grand desir de tirer Geni foin à nostre saincte Foy : il a souuent traicté des moyens pour dextrement manier cest affaire, auec ses enfans leur protestant qu'il en vouloit ouurir le propos. Ils l'en ont diuerti par deux fois ; à la troisieme il a gagné, & l'attaqua l'autre iour luy disant ainsi. Tous les mois par ordonnance de Taico vous faictes assembler iusques à huictcens Bonzes au nouueau temple de Daibut, pour celebrer les obseques de sa mere. Puis que vous assemblez des personnes de toutes les sectes du Iappon, ie voudrois bien sçauoir pourquoy vous n'y appellez aussi les Peres Iesuistes, comme chefs & Docteurs des Chrestiens, afin qu'ils prient à leur mode pour l'ame de la defuncte. Foin luy respondit. La Loy des Peres est beaucoup diuerse & differente des sectes du Iappon, d'où viẽt qu'ils ne peuuent estre d'accord auec les Bõzes. Il dict plusieurs autres choses en faueur & louãge de nostre saincte Foy, lesquelles Sotan ayant ouy, respondit. A ce que ie vois vous auez ouy quelques sermons des Chrestiens. Voire dict Foin, & par tout on prise, loué & honore ceste Loy : chacun en dict mille biens

biens. S'il est ainsi, repliqua Sotan, il me semble que vous deuriez ouïr les sermons qu'on faict pour les payens, & trouuant que la doctrine des Chrestiens est telle, que chacun la pleuuit, l'ambrasser. A quoy le Gouuerneur ne respondit rien. Sotan rechargea qu'il deuoit resolument ouyr les sermons, & trouuāt la doctrine solide, vraye & saincte comme chacun la recognoit, ne differer plus à la receuoir. Foin se voyant pressé, ne dict autre chose que deux ou trois fois. Il est ainsi, il est ainsi que vous dictes: rompāt le propos, & laissant Sotan en bonne esperance de pouuoir faire auec luy quelque chose de bon.

Le mesme Gouuerneur estant vn iour au Royaume de Tamba, certaine fême luy vint dire comme ses enfans & nepueus estoyēt Chrestiens. Il luy respondit. Ce qui concerne le salut de l'ame, depend de la volonté d'vn chacun. Peu apres vne autre luy alla plus particulierement declarer le tout en presence de sa femme, comme s'il n'en eut rien sceu: il l'escouta fort volontiers, puis la renuoya sans autre responce.

Il y a enuiron douze ans que nous baptizasmes à Meaco vn gentil-homme aagé de seize à dix & sept ans, fils du Roy de Taraba. Il se nomme Iean Vaitodono, & fut auec Cainocamedono à la cour de la Chine pour traicter la paix. Ce seigneur auoit à Meaco vne sienne seur payéne qui viuoit comme ermite, en vn lieu escarté, pres d'vne chappelle qu'elle auoit fort bien faict accōmoder. Ceste dame estoit fort prisée à la cour pour son integrité, & pour auoit mené vne bien plus pure vie que les

Bicunes, qui sont les nonnains payénes du Iappon, auoit accés auec les principales princesses, & sur tout auec Quitanomandocoro, qui est la principale femme de Taico. Viuant moralement bien, & vaquant à son salut le mieux qu'il luy estoit possible, elle fut touchée de Dieu ; vint ouir les sermons de nostre Frere Vincent, & en receut tel cótentement, qu'elle resolut de se faire baptizer. Et pour preuue du fruict qu'elle auoit faict en la doctrine chrestienne, s'en alla disputer auec vn des plus doctes Bouzes de sa secte, qu'elle auoit tousiours recogneu pour son maistre, & le mania si bien par ses interrogations, qu'elle le fit plusieurs fois changer de couleur ; & en fin le confondit. Puis fut trouuer le P. Recteur de Meaco, qui l'ayant ouye discourir des choses de nostre foy, luy commenda de quitter son ermitage, & se faire encore mieux instruire pour comparoistre deuant les grandes Dames de la cour & parler particulierement à la femme de Quincugondono, Seigneur de deux ou trois Royaumes, & à presant gouuerneur du fils de Taico; parce qu'on dict qu'elle est fort affectionnée aux choses de nostre foy, & son exemple pourroit beaucoup seruir à plusieurs autres. Ceste dame si accorda demandant toutesfois si telle œuure seroit meritoire pour son áme, le Pere luy respondit qu'ouy ; dequoy elle fut fort ayse, & s'employe à l'ayde de celles qu'il luy a recommādées, dequoy nous espérős de grāds biens.

Il y a enuiron onze ans que nous escriuimes, comme la Dame de Tango, nommée Grace, auoit esté secretement baptizée en son logis, par vne sienne parente Chrestienne, parce que son mari

estoit

estoit payen, & d'vne fort extrauagante humeur. Or quand Taico fit tuer son nepueu Quabacondono auec plusieurs autres Seigneurs qu'on disoit auoir conspiré contre luy, le mari de Grace courut grand fortune de sa vie, pour le soupçon qu'on auoit de luy. Et parce que la coustume du Iappon porte que les gentilshommes deuant perdre la vie par leur main propre, tuent premierement leur femme, enfans, & seruiteurs, de peur qu'ils ne tombent és mains de leurs ennemis. Grace se trouua en grandissime peine, & enuoya soudain vers nos Peres qui sont à Meaco, les prier de dire quelques Messes pour elle affin qu'il pleut à Dieu deliurer son mari & toute sa famille, du danger auquel elle se trouuoit. Elle auoit iusques à ceste heure là tenu sa conuersion fort secrette, sans auoir ouy Messe ny sermon depuis son baptesme. D'ou venoit qu'elle n'estoit pas bié instruicte de la force des sacremés. Si appella elle à soy vne sienne chambriere Chrestienne, & luy descouurit entierement tous ses pechés, la priant de les aller confesser au P. Recteur de Meaco, & luy en rapporter la penitence & absolution. Le Pere Recteur fut fort edifié & consolé de voir la ferueur & deuotiõ de ceste dame, laquelle il instruisit comme il faloit en semblables cas recourir à Dieu pour auoir contrition, & obtenir remision de ses pechés. Dequoy Grace fut fort consolée, & renuoya depuis proposer quelques difficultés au mesme Pere, & entre autres ce qu'elle deuoit faire si son mari luy eut commandé de se tuer au susdict cas. Le P. Recteur luy respondit qu'elle ne pouuoit en façon aucune nuire à sa vie & santé, parce qu'estre meurtrier de soy mesme, est vn tres-grand peché. Depuis il pleut à Dieu par son infinie misericorde deliurer toute ceste famille de ce grand danger.

La nourrice de Saburondono estant tombée malade, ce bon Seigneur en fut extremement dolent; parce qu'il la cherissoit comme sa propre mere, & celle qui gouuernoit toute sa maison, parloit familierement à Taïco & à tous les plus grands Seigneurs de la cour, pour les affaires de son nourrisson. Le P. Recteur ayant esté aduerti de ceste maladie, se mit en deuoir de trouuer moyen pour la baptizer, tant parce-que Saburondono le luy auoit fort recommandé, comme parce-que la malade mesme le desiroit. Il fit donc, en sorte que nostre Frere Vincent la catechiza, mais il n'eut moyen de la baptizer à cause du grand nombre de payens qui la visitoyent à toute heure. On apposta deux de nos Freres Iapponois qui se tenoyent quasi tousiours au mesme logis où gisoit la malade, pour espier l'occasion de la baptizer quand il n'y auroit tant de gens, mais il ne fut possible de trouuer l'heure. En fin nostre Frere Vincẽt homme aagé, & tenu pour bon medecin en tous ces quartiers s'aduisa d'vn moyen pour tromper le diable qui mettoit tant d'empeschemens à la conuersion de ceste dame. Il s'en alla donc la voir, & luy dict. Ie suis venu pour vous soulager en tout ce qui me sera possible, & vser d'vne ceremonie qui empeschera que l'ennemi ne vous nuise aucunement. Toute l'assistance s'en esiouit fort, esperant qu'il vseroit de quelque ceremonie diabolique, cõme les Iapponnois

nois ont coustume de faire. Vincent commanda qu'on luy portast vn grand bassin, & vne esguiere d'eau. Tandis il instruisoit doucement la malade de ce qu'il pretendoit faire, l'aduertissant d'y appliquer son intention, puis qu'elle desiroit tant le baptesme, & comme on eut porté le bassin & l'esguiere, se print adire tout-haut, *Maria ego te baptizo in nomine patris & filij & spiritus sancti.* Versant l'eau sur la teste de la malade, au pris qu'il prononçoit les parolles. Les assistans qui n'entendoient pas le Latin, & ne sçauoient que nostre Frere Vincent auoit fait. Se persuaderent qu'il auoit vsé de quelque grande sorcelerie. Saburondono & vn sien Frere tous deux Chrestiens estoient en vn coing de la chambre, considerans tout ce qui se passoit, & ne se pouuans tenir de rire, tant de l'industrie de nostre Frere, comme de l'ignorance des gentils.

Quelques iours apres la malade sentant son mal amengreger de iour en iour, & desirant estre plus amplemét instruicte de ce qui touchoit son salut, pria Saburondono de permettre qu'on la portast chéz son Frere, pour estre mieux pensée. Ce qu'il luy accorda volontiers, & par ce moyen nostre Frere eut plus de commodité de la catechizer. Dequoy elle receut vne indicible consolation. Depuis sentant ses forces diminuer de plus en plus elle appella Saburondono, & luy recommanda fort son Frere. Ie ne luy laisse rien, dict elle, ains me remets du tout à vous. Et parce que ie vois bien qu'on ne m'osera enterrer à la façon des Chrestiens, ie vous prie faire pour le moins en sorte que les Bonzes ne voyent point mon corps, ains tenir la main qu'il soit

ſoit mis dans vne caiſſe bien cloſe,& inhumé, non bruſlé comme font les payens. Se voyãt aux abbois de la mort,oyant les payens qui reclamoyent Amida, & s'apperceuant qu'ils attachoyent des images des Fotoques en certains lieux de ſa chambre elle fit appeller en diligence ſon frere & ſon fils, les priant de ſe tenir touſiours à ſes deux coſtés, & ne ceſſer d'inuoquer les doux noms de IESVS & MARIE,cõme elle faiſoit de ſa part & continuant en ceſte deuotion,rendit l'ame à Dieu ſon createur, monſtrant aſſés au dehors qu'elle auoit tout ſon cœur en luy.Dequoy tous les Chreſtiens receurent grande conſolation, & particulierement Saburondono qui loüoit infinimẽt Dieu de ce qu'il luy auoit peu eſlire ſa nourrice pour la vie eternelle.

Quand à la conuerſion des payens aduenuë depuis le mois de ſeptembre paſſé, iuſques à celuy ci de l'an nonante & ſix, nous pouuons dire en general, qu'il n'y a eu iour que quelcun n'aye receu le bapteſme. Depuis que nos Peres mirent le pié en ces quartiers, il n'y eut tant de nobleſſe, ni en ſi grand nombre pour ſe faire baptizer,ſoit à Meaco, ſoit à Ozaca qui ſont les deux principales villes ou Taico faict ſa reſidence. La plus part ne veulent eſtre pour le preſant deſcouuerts, nous eſcrirons vne autre fois leurs qualités, & les choſes plus rares qui ſont aduenuës en leur bapteſmes, nous contentons pour maintenant d'en remarquer quelques vns.

Outre Paul neueu de Nobunãga, duquel nous auons ià eſcrit, a eſté baptizé le fils du feu Roy de Vome,qui mourut Chreſtien,il y a quelques ans. Sa

mere

mere est aussi Chrestienne. Il est aagé de vingt & deux ans, fort vertueux cheri de Taico, & proche parent de son fils, parceque sa mere est tante de la mere du fils de Taico. C'est vn riche Seigneur, qui a vingt & six mille charges de ris de rente annuelle. On le nomme Iean Xiurindono. Venant chéz nous pour receuoir le baptesme, il mena vn autre gentil-homme qui fut aussi catechizé & baptizé auec luy.

Vne autres fois il fit vn somptueux bãquet à tous ses gentils-hommes pour les exhorter à ouir nostre saincte Loy, & appella secretemẽt vn de nos Freres Iapponnois pour leur prescher, comme il fit vne nuict entiere, non sans fruict. Car nous auons ia baptizé vn des principaux Seigneurs de la maison de Xiurindono, auec autres quatre: puis vn autre riche Seigneur qui a deux cens quarãte mille charges de ris de rẽte. Les autres se disposent peu à peu à faire le mesme. Tous ces courtisans s'assemblent par fois pour deuiser ensemble & ce auec vne telle modestie qu'ils semblent autant de religieux. Ils ont pour chef vn Seigneur aagé de cinquante ans, qui ne se peut souler de venir chez nous pour apprendre tousiours quelque chose, & s'appreste quand & quand pour le communiquer aux autres.

Le maistre des pages de Xiurindono se faict catechizer, auec propos de receuoir le Baptesme, mais parce qu'il demeure assez loin de chez nous, il ne peut estre si tost instruit que nous voudrions. Xiurindono s'employe fort soigneusement à disposer la plus part de la noblesse, pour receuoir nostre foy, quoy que comme prudẽt, il ne se com-

munique

munique ni descouure estre Chrestiē, si non à ceux qui ont ia quelque inclination ou disposition au baptesme. Ce nonobstant on va petit à petit baptizant toute sa maison & famille.

Vne autre nuict ayant assemblé sept ou huict des plus doctes hommes de Meaco, & des Royaumes voysins, il appella vn de nos Freres Japponois, bon Predicateur, qui les enseigna toute la nuict, disputa contre quelques vns, & respondit à leur doutes, qui estoyent assés difficiles pour estre resolus sur le champ. Il y eut entre autres vn nommé Soan, qu'on tient pour le plus docte & mieux versé aux loix du Iappon, qui soit en ces quartiers lequel proposa quelques difficultés qui firent esbahir Xiurindono, & tous les Chrestiens assistans, si fut il conuaincu, & tous ses compagnons tellement esmeus, qu'ils monstrerent auoir fort grand desir de receuoir le sainct baptesme.

Xiurindono desire fort pouuoir tous les iours venir chez nous, pour conferer auec noz Peres, mais ne pouuāt sortir de son logis sans vne grande suytte, il n'a commodité de nous voir si souuent comme il voudroit, & nous aussi. Taico a deffendu les coches & litieres, pour empescher les seigneurs de tant courir seuls. Nous esperons bien tost faire Chrestien vn frere de Xiurindono, Gouuerneur du chasteau de Votur, la plus forte place qui soit au Royaume de Goquinai, à trois ou quatre lieuës de Meaco.

La plus part des gentils-hommes qui viennent ouïr les sermōs en nostre maison, ont esté instruits par les plus doctes Bonzes du Conuent de Musara-

que

que, qui est le plus renommé de tout le Iappon, & le chef des Genſches, qui tiennent qu'apres ceste vie n'y a rien. Ce qu'ils se persuadent si fermement, qu'il est souuent malaisé de leur faire bien entendre le contraire.

Les enfans de Geni foin qui sont au Chasteau de Camajama, au Royaume de Tamba, auec les autres Chrestiens qui sont pres d'eux, ne desirent rien tant que de voir tout ce Royaume chrestienné.

Deux Chrestiens hommes notables de la maison de Sidandono qui mourut l'année passée, nous ont escrit du Royaume de Voschiu, que tous les habitans de ces quartiers là desirent fort ouïr noz predications & attendēt de iour en iour vn de nos Freres pour leur prescher la parole de Dieu.

Mango Ziro nepueu de Sacumandono, General de l'armée de Nobunanga, le plus riche Seigneur de ses terres, & le plus puissant en sa Cour, se voulant ranger à la foy Catholique, comme il fit, & à ces fins allant trouuer noz Peres, mena auec soy vn excellent Docteur du Iappon nommé Chiuan, lequel auoit gouuerné vn monastere nommé Meoxiengi, & tenu tousiours des premiers rangs parmi les Bonzes, comme celuy qui est tres-bien versé en la Poësie Chinoise & Iapponoise de laquelle il faisoit publiquement profession à Meaco. Il disputa fort & ferme contre noz Freres, & ne se laissa vaincre du premier coup: toutesfois apres quelques iours il fut conuaincu, & receut le Baptesme.

Nous auons aussi baptizé vn des principaux Seigeurs de la maison de Ieiaso, qui est la premiere personne du Iappon apres Taico. Ainsi va bruslant de de tous costés le feu du Sainct Esprit.

Cumagai qui est vn des cinq Cōseiliers q̃ Aquinomori Roy d'Amangucchi & d'autres neuf Royaumes tient ordinairement pres de soy, fut baptizé au Royaume de Bugen, il y a plus de dix ans. Mais pour nauoir ouy aucun sermon, ni versé parmi les Chrestiens depuis son baptesme, il s'estoit fort refroidi. Quelqu'vn de noz Peres luy ayant par deux fois parlé, il r'entra tellement en soy, & reprint si bien sa premiere ferueur, qu'escriuant au P. Recteur il vsoit de semblables termes. Ie suis resolu de viure & mourir en la foy ià receue, vostre Reuerence s'en peut asseurer, & me tenant pour Chrestien, faire estat que ie ne suis seul en ce royaume, Car i'en conuertiray le plus grand nombre qui me sera possible.

Saquiondono nepueu de Bigen, duquel nous auons parlé cy dessus, ayant inuité le P. Recteur à l'aller voir en sa maison auec quelques autres Chrestiens, leur fit voir son oratoire, il auoit les dix commandemens de Dieu escrits en belle & grande lettre Iapponoise, vn bel Agnus Dei, deux rares images l'vne du Crucifix, l'autre de nostre Dame, & au pied d'icelle son chapellet & sa discipline. Ilz firent tous ensemble oraison deuant l'autel laquelle finie Saquiondono supplia le compagnon du P. Recteur de catechizer Camondono surintendant des architectes que Taico fait trauailler à Ozaca. Ce qu'il fit l'espace de quattre heures, & le laissa resolu de venir à Meaco pour apprendre le reste du Catechisme qu'il n'auoit peu ouir pour lors.

Ce qui a causé le grand concours des gens que nous

nous auons veu ceste année quatre-vingts & seize en noz maisons de Meaco & d'Ozaca, ont esté les fondemens de la nouuelle cité de Fuschimo iettés par Taico à deux lieues ou enuiron de Meaco. Car le peuple y est accouru de tous les quartiers du Iappon, les artisans pour trauailler aux edifices qu'on y dresse sans cesse, les marchans pour trafiquer, les soldats & gentils-hommes pour suyure la cour de Taico, comme ils sont tenus. Pour la ville de Meaco quoy qu'elle soit demeurée à demi deserte, depuis qu'on a razé la citadelle, & bouleuersé les palais de Quabacondono, & que la plus-part des Seigneurs ont transporté leurs palais à Fuschimo, elle en est toutesfois beaucoup plus paisible, pour ne sentir plus les troubles de la cour, & assés remarquable pourceque le Dairi s'y tient encor auec son train; & ce qui reste de la vieille ville de Meaco, contient cinq cens temples, & plusieurs conuents de Bonzes. Combien qu'on voit, la ville de Fuschimo croissant tous les iours en nombre d'edifices, & s'estendant fort vers Meaco, ce ne sera tantost plus qu'vne ville composée des deux. Le commerce & affluence du peuple, ioincte à la curiosité naturelle aux Iapponnois, a faict abborder tant de gens à nos maisons, que nous ne pouuions satisfaire aux postulans, si le R. P. Vice-prouincial, importuné par les lettres du P. Recteur, ne nous eut renforcé de quelques Predicateurs, auec le secours desquels nous auons catechizé & baptizé vn tres-grand nombre de personnes, & entre autres vn ieune Seigneur aagé de seize ans, qui possede vn Royaume entier, & procede en tout ce qui concerne son salut, auec telle prudence & maturité qu'il sert de miroir à tous ses subiets. Il s'est cõfessé trois fois ceste année, & pour cest effect appelle vn de noz Peres à son logis, pour ne pouuoir en personne venir chez nous, ni mesme en cachettes, de peur d'offenser Taico. Le P. Recteur luy enuoye aussi souuent vn de noz Freres Iapponois, pour discourir auec luy des poincts de nostre foy, à quoy il prend vn singulier plaisir, desirant que tous ses subiects ce facent Chrestiens, & donnant plus de creance à ceux qui reçoiuēt le sainct baptesme qu'aux autres quoy qu'il soit tres-debonnaire enuers tous.

Ce Prince tient chez soy deux Gentils-hommes Chrestiens, l'vn nommé Iaques, & l'autre Thomas, qui luy seruent comme de pedagogues és choses de la Foy, l'instruisent en la façon de gouuerner son peuple chrestiennement, sans trop aigrir les Payens, & fauorisans neantmoins les Chrestiens en tout ce qu'ils peuuent, sans preiudice de la paix. Ainsi tous luy obeyssent fort volontiers, & les Chrestiens viennent souuent chez nous pour ouïr la Messe, & le sermon, voire pour se confesser.

Les enfans de Geni Foin (iadis Gouuerneur de Meaco, & à present surintendant des affaires du Dairi, & de tous les monasteres & temples de Meaco) & ses nepueus conuertis à nostre foy, profitent beaucoup par la cõtinuelle conuersation auec noz Peres, viennent souuent chez nous pour se confesser, & se monstrent fort resolus ez trauerses & contradictions qui leur suruiennent par fois de leurs peres & parens, qu'ils ont tousiours surmonté tenans

nans bon en la Foy.

Sacondono fils aisné de Foin, quoy qu'il gouuerne vne Citadelle au Royaume de Tamba, qui a cent mille charges de ris de rente, ne laisse pour toutes ses occupations, de se confesser à temps. Le P. Recteur enuoye souuent de Meaco quelques vns de nos Freres pour le visiter & traicter auec luy des choses de nostre saincte Foy, qu'il oyt fort volontiers.

Son frere Leon a donné & donne tous les iours tres-bonne edification, croissant en prudence, & en toutes vertus, & par icelles s'obligeāt tellement les cœurs de tous ceux qui traictēt auec luy, soyēt Payens soyent Chrestiens qu'ils disent mille biens de luy. Ses pere & mere le cherissent tant, qu'ils ne le peuuent perdre de veuë, & l'ayās prez d'eux, semblent pendus à sa langue.

L'esté passé se trouuant mal, il se fit porter chez nous pour estre pensé par nostre Frere Vincent, qui en peu de iours le soulagea fort, & en fin luy rendit entierement la santé. Dequoy les pere & mere receurent vn singulier contentement, & particulierement la mere, laquelle faisant semblant de ne sçauoir qu'il fut esté traité chez nous, quand il fut de retour à Fuscimo, luy demanda quel Medecin l'auoit si tost & si bien guari. C'est vn Medecin de la basse ville de Meaco, Madame, respondit Leon, sans le vouloir nommer. S'il plaist à Dieu donner vie & santé à ce ieune Seigneur, nous esperons que ce sera vne ferme colomne de la Chrestiété en ces quartiers icy.

Michel cousin du mesme Sacondono, & indiuidu compagnon du susdict Leon, ayant esté accusé par Foin sur certaines fausses informatiõs, se iustifia si bien, que n'estant atteint ni conuaincu de la moindre de toutes les fautes qu'on luy mettoit sus, ses accusateurs ennemis capitaux des Chrestiẽs, furent tenus pour imposteurs, & luy cogneu pour homme, comme il est, fort entier & loyal. Madame Magdaleine qui sert de secretaire entier à la femme de Taico, le prise tant qu'elle a resolu luy donner vne sienne cousine pour femme.

Il y eut vn autre ieune Seigneur nommé Iean, cousin de la femme de Foin, lequel fut aigrement tansé par sa mere, & par vne sienne tante pour s'estre faict Chrestien; lesquelles voyant en cholere, il ne voulut aigrir dauantage, ni leur respondre vn seul mot. Ne discontinua portant de venir souuent à nostre Eglise, ouïr la Messe, & se cõfesser. Dequoy aduerties celles qui l'auoyent reprins, prindrent tout pour le mieux, & de là en auant dissimulerent auec luy.

Tous les seruiteurs des nepueus de Foin, viẽnẽt en bons Chrestiẽs à l'immitation de leurs maistres, les seruent fort fidelement, frequentent les saincts Sacremens, & loüent Dieu de ce que leurs Maistres estant à present Chrestiens, les traictent beaucoup plus debonnairement qu'ils ne souloyent faire.

Paul cousin de Fidandono, & beau-fils de Nobumanga, qui est vn des plus grands Seigneurs de la Cour de Taico, & Iean le premier des Capitaines du mesme Fidandono, demeurent pour le present à Oschiu fort loin de Meaco, auec quelques autres Chrestiens. Ils ont là persuadé à plusieurs

Seigneurs

Seigneurs d'ouïr la doctrine Chrestienne, & à cest effect font grande instance enuers le P. Recteur de Meaco pour auoir vn Predicateur, au moins sont ils resoluz d'en mener d'icy vn auec eux, quand ils viendront pour assister à l'ētrée des Ambassadeurs de la Chine. Le susdict Seigneur Iean mena dernierement icy son aisné, son beau-fils, & autres deux Gentils-hommes ses vassaux, pour ouïr le Catechisme, comme ils firent, & s'en retournerent bien disposez, & resolus de receuoir au plustost le sainct Baptesme.

La premiere fois qu'il fut à Fuscimo auec ses fils & beaufils que dessus, Taico leur fit à tous tres-bon acceuil, & loua grandement le Pere, qu'il tient pour tres-ualeureux capitatine, luy disant en presēce de toute sa noblesse, ô que vous estes heureux d'auoir deux fils si vaillans & bien dispos, i'espere qu'ils ne vous cederont en grādeur & generosité de courage.

Le mesme Seigneur Iean racōpta à noz Peres de Meaco beaucoup de belles particularités qu'il auoit remarquées au peuple d'Osciu, qui est le plus grand des soixante & six Royaumes du Iappon, touchant leur disposition à se faire Chrestiens. Ie leur ay presché (disoit il de tres-bonne grace) & en ay conuerti plusieurs par vn petit sermon, auquel ie leur dis succintement que les Camis & Fotoques n'auoient force ni de sauuer les hommes, ni de se venger des iniures qu'on leur auroit faictes, ce que ie m'offrois à leur prouuer, & faire voir à l'œil, A ces fins allons ensemble, leur disois-ie, allons vers Atango Vasachima vostre Dieu des batailles, ou à tel autre Fotoque qu'il vous plaira choisir, Ie luy ietteray des figues pourries au nez, ie luy laueray la teste de la plus infecte ordure que ie voudray, sans qu'il se puisse venger, ou me nuire. Mais le createur du monde, Souuerain Seigneur de tout, & dominateur de l'vniuers, ayde, secourt & sauue tous ceux qui ont espoir en luy. Ainsi me l'ont enseigné les maistres de ceste saincte loy & doctrine, gens bien esloignés, de l'orgueil, paresse, & sale façon de viure de vos Bonzes. Ils enseignent le chemin de la vertu & verité, non seulement de parolle ains de faict & d'œuure: là ou voz Bonzes vous abusent par mille mensonges & vaines fictions. Par tels & semblables discours, ce bon Seigneur a persuadé à plusieurs de se faire Chrestiens, le premier fut le fils de Fidandono; lequel luy promit de receuoir le Baptesme à la premiere commodité. Ces deux Seigneurs nous donneront belle cōmodité de faire quelque nouuelle mission, veu la belle disposition de ce peuple, auquel on pourra beaucoup profiter.

Le Seigneur Thomas qui fut baptizé l'année passée, est fort cogneu de Taico, & de tous les principaus Seigneurs de sa Cour, pour estre homme rond & fort graticus en la conuersation. Il traicte souuēt auec eux de nostre saincte foi, & ce auec vne telle grace & prudence, qu'il n'y a personne qui luy mette le pié deuāt. Car outre son eloquence & hardiesse à parler, il est tres-bien versé és sectes du Iappon, & respond fort resolument à tous les doutes qu'on luy propose.

Vn fort docte Bonze lequel auoit ouy quelques vns de noz sermons, & veu quelque image de no-

stre

ſtre Sauueur en l'Egliſe, rencõtrant le ſuſdict Sieur Thomas ſon grand amy, luy dit. I'ay veu en voſtre temple vn Fotoque, que vous appellez Dieu, qui tient en vne main le monde : ie voudrois bien ſçauoir de vous comment cela ſe peut faire, veu que le monde eſt ſi vaſte, & le Fotoque ſi petit? Et quand bien la main ſeroit beaucoup plus grande, comment la pourroit vn Fotoque auoir ſi forte & puiſſante pour ſouſtenir vn ſi grief fardeau. Le Seigneur Thomas luy reſpondit, ie ne m'eſtonne de la difficulté que vous faites en cecy, veu le peu de cognoiſſance que vous auez de choſes ſemblables. Or pour reſponce à voſtre difficulté il vous faut ſçauoir que les images ont eſté faites pour repreſenter aux ignorans la verité des choſes. Comme donc nous diſons en verité que Vaicoſama Roy treſ-puiſſant, tient en main tous les royaumes du Iappon, & vne partie de Coray, les gouuernant & regiſſant, en tant que ſouuerain Prince, quoy qu'il ne les porte ſur le poing: auſſi pouuons nous peindre & dire ſans menſonge, que Dieu Createur du ciel & de la terre, par ſon infinie puiſſance & ſapience, ſouſtient & gouuerne le ciel & la terre auſſi ayſement comme vn ſimple homme tiendroit vne bale, & s'en ioüeroit à ſa volonté. Le Bonze fut ſi confus par ceſte reſponce, qu'il n'oſa repliquer vn ſeul mot.

Vne autre fois comme il eut par pluſieurs treſ-bonnes & treſ-valables raiſons conuaincu vn Foquesque, luy faiſant voir comme ſa ſecte n'eſtoit qu'abus, ce pauure Payen luy reſpondit, ie recognois que vous parlez auec tres-bonne raiſon: vostre dire est tres-bien fondé, il y a neantmoins en vostre doctrine vne chose que ie ne puis capir ni entendre, c'est comme vostre Dieu estant si puissant & si sage que vous le preschez, & pouuant par vn seul petit mot rachepter tout le monde, s'est voulu exposer à vne mort tant ignominieuse qu'est celle de la Croix qu'il a enduré pour vous. Thomas luy respondit, Quoy que vous ne puissiez bien comprendre la grandeur de ce mystere, auant qu'auoir reçeu au sainct Baptesme la lumiere de la Foy, qui vous feroit clairement voir comme l'ignominie de la Croix & mort de nostre Sauueur, a reüssi à son plus grand honneur, & donné à tous les hommes occasion de se confondre, considerant le grand amour que Dieu nous a porté, ce nonobstant de peur que vous demeuriez en quelque doute, & ne conceuiez quelque sinistre opinion de nostre saincte Foy, ie vous veux faire part de ce que mes maistres m'ont enseigné. Ie dis donc que veritablement Dieu pouuoit par vne seule parolle sauuer & racheter tout le monde, comme il l'auoit faict par vne seule parolle: C'est vne chose tres-certaine. Mais posé qu'il le vouloit faire en vne façon du tout conuenable à son infinie bonté & iustice, il ne le pouuoit autrement faire qu'il a faict. Car l'homme ayant offensé l'infinie bonté de Dieu, ne luy pouuoit satisfaire, tout ce que l'homme peut estant borné & fini, & Dieu infini. Il faloit que ce fut Dieu mesme qui satisfit. Or ne pouuoit-il satisfaire pour le peché sans endurer, & Dieu ne peut endurer: il faloit donc qu'il se fit homme. Dieu s'estant faict homme passible & mortel, endura pour nous, & satisfit

satisfit en tant que Dieu à la peine infinie deuë au peché, & pardonnant à l'homme redeuable d'vne peine infinie, vsavers luy d'vne misericorde infinie, & quād&quād satisfit entieremēt à son infinie iustice. Voyla ce que i'ay apprins de mes maistres, qui sont ces bons Peres venuz d'Europe. Ce discours contenta fort le Bonze, & l'esclarcit entierement sur le poinct & difficulté par luy proposée.

Vne autrefois le mesme Thomas s'en allāt à vn monastere de Meaco, nommé Tosucusi, pour visiter vn Bonze son grand amy, rencontra sur le chemin vn soldat de sa cognoissance, lequel le pria de luy faire accommoder vn estuy pour mettre vn fusil auec la meche, & pierre à feu. Ce que disant luy mit le tout dans la manche, à la mode du païs. Thomas arriuant au conuent fut fort bien receu par le Bonze, qui luy alla au deuant auec nombre de ses disciples, vn desquels portoit en vne main vne chandelle allumée, parce que c'estoit de nuit. La table estant couuerte, comme ils furent prests à prendre place le Bonze voulant moucher la chandelle l'esteignit, & dict à Thomas, vous preschés que le Tono du Iappon, qui est le Soleil, la Lune, & les estoilles ne meritent pas d'estre adorés, par-ce que ce sont creatures de vostre Dieu auquel tout obeït: Dictes moy ie vous prie comment pourriés vous à present voir les assistans sans la lumiere de ceste chandelle; & si c'est vostre Dieu qui crea le Soleil, la Lune, le feu, les estoiles, &c. faictes qu'il illumine maintenant ceste sale d'vn feu nouueau, affin que nous voyons soupper. Il ne faut pas que Dieu face de nouueau miracle pour cest effect, respondit Thomas, I'ay bien de quoy vous bailler du feu d'ailleurs : & tirant son fusil fit du feu, & r'aluma la chandelle, disant que Dieu auoit donné aux hommes l'aduis & prudence pour se pouruoir de tout ce qui leur estoit necessaire pour la substentation de leur vie : qu'il les auoit aussi doüez d'entendement pour distinguer le Createur des creatures. Bref qu'il sçauoit bien que le Soleil, ni la lune, ni les estoiles, n'estoyent pas le vray Tono, c'est à dire Dieu, ains vne substance superieure à toutes ces creatures. Ceste si sage response fit estonner le Bonze, qui en demeura satisfaict.

Nous escriuimes l'année passée d'vn Bonze, lequel ayant esté mis en prison, puis condamné à mort pour beaucoup de debtes qu'il auoit temerairement faictes fut deliuré par Paul fils aisné de Gemi Foin qui satisfait entierement à tous les creanciers de ce miserable, sans demander autre salaire ni recompense, sinon qu'il print la peine d'ouir les sermons de la doctrine Chrestienne, & puis receut le sainct Baptesme. Ce qu'il fit au salut & consolation de son ame. Peu de iours apres se trouuant fort mal, il fut aux bains du Royaume de Farima & y seiourna quasi vn an, ne cessant d'instruire tant les habitans du lieu, comme les suruenans, & en attirant plusieurs à la foy Chrestienne. Le P. Recteur estant allé aux mesmes bains pour sa sãté qu'il y recouura, trouua ce Bõze, baptiza quelques Gentils-hõmes par luy cõuertis, & reuenãt le mena auec soy à Meaco pour luy faire encore ouït les sermons, par lesquels ayãt esté plus amplement instruict, il poursuit son train à Fuscimo, & parce qu'il qu'il est tres-bien versé aux loix du Iappon, conuertit force noblesse. L'autre iour il mena de Fuscimo à Meaco cinq hommes de marque pour les faire baptizer, & entre autres vn grand Seigneur des quartiers de Bãdo qu'on nõme Caminocaua, riche de six vingts mille charges de ris de bõne rente. Ce Bõze sçait tres-bien prendre & cõuaincre les Gentils pour les destrõper, & leur faire voir cõme toutes les sectes du Iappõ ne peuuét enseigner la vraye voye de salut, ainsi que fait la Loy Chrestienne.

Il y a vn grãd & puissant Seigneur, lequel estant prest à receuoir le sainct Baptesme, protesta qu'il se faisoit Chrestien auec resolution de perdre le Royaume qu'il tient, & tous les biẽs qu'il possede, s'il estoit besoin, plustost que manquer à la Foy qu'il vouloit professer. Il ne se declare pas aysement à tous, & se contregarde bien des ferueurs extraordinaires, & indiscretions qui nuisent à plusieurs, si est-il fort zelé à la Loy Euangelique, prend vn singulier plaisir à parler d'icelle, & ne se peut tenir d'en mettre auant quelque propos, commençant par le discours de noz sciences, comme de la rondeur du monde, contre l'opinion des Iapponnois, du mouuement des cieux, des Eclipses, & autres curiositez de la sphere, d'où il vient peu à peu à l'autheur de l'vniuers, & aux Camis & Fotoques qui ont esté hommes comme nous, disant, ô que les Iapponnois sont bien esloignez du vray chemin de leur salut. Par ce moyen il a induit plusieurs signalez personnages à demander le baptesme. Peu de iours auant que se faire Chrestien, il auoit marié vne sienne fille auec l'aisné de Geni Foin, qui est Chrestien

Chrestien, & luy a tellement fait gouster les choses de nostre Foy, que nous esperons la voir bien tost Chrestienne.

Nous-auons escrit cy dessus la conuersion de Iean Xiutindono, fils de pere & mere Chrestiens. Son pere mourant luy laissa deux cens quarante mille sacs de ris de rente au Royaume de Xinan, & tout son petit meuble de deuotion, comme reliques, chappellets, grains benits & images, lesquelles le Sieur Iean conserue comme choses de tresgrand pris & valeur. Sa mere est encore viuante en la cour de Taico, & reçeut vne telle ioye d'auoir sçeu que son fils eut esté baptizé, qu'elle enuoya gentil-homme expres vers le P. Recteur pour le remercier de ce bien. Depuis encore en recognoissance du mesme biē, elle fit porter chez nous quelques presens, auec vne infinité de recōmandations, declarant le singulier desir qu'elle auoit de frequenter plus souuent l'Eglise, mais demeurant au palais de Taico, elle ne peut affectuer ce desir. Demandoit aussi au P. Recteur quelque liure spirituel pour son instruction, disant n'auoir que Iean Gerson de l'imitation de IESVS-CHRIST, auec vne image, deuant laquelle faisant ses prieres & deuotions, elle s'entretenoit en la foy & creance Chrestienne. Le P. Recteur luy enuoya vne doctrine Chrestienne, vne Maniere de se confesser, & vn liure de meditations.

Nous baptisames il n'y a pas long temps vn autre grand Seigneur nommé Iean Vonqui de Taigaradono, Seigneur d'vn grand Royaume sur les frontieres du Iappon du costé de Septentrion, à trente

trente iournées de Meaco. Ce fut a l'instance de son propre pere, qui est encore payen & auoit il y a quelques années, ouy les sermons de nostre Frere Vincent à Ozaca. Car estant venu ceste année à la cour il se resolut d'ouïr tout ce qui seroit necessaire & se faire baptizer. Il ouït deux ou trois fois les sermons du mesme Frere, & monstra d'auoir fort bien entendu & comprins tout ce qu'il auoit ouy, ne manquoit plus qu'a resoudre quelques doutes & difficultés qui luy restoit encore. Estant sur ce poinct il receut commandement de Taico qui luy ordõnoit de rebrousser chemin vers son Royaume, pour certains affaires de tres-grande importance. N'ayant donc temps de s'esclaircir en ses difficultez, selon son desir, il fit instruire & baptizer vn sien filz aagé d'onze ans, & laissa son aisné à Meaco, luy commandant d'ouïr les sermons du Catechisme, & se disposer à receuoir le Baptesme, comme il promit faire luy mesme à son retour. Il desiroit fort mener auec soy vn de noz Freres pour faire instruire ses enfans, mais nous auons telle disette d'ouuriers qu'il n'a esté possible le luy accorder. Il en à toutesfois mené vn bon aueugle Chrestien, & bien entendu és choses de nostre foy, qui enseignera sur le chemin son petit fils ià baptizé, & catechizéra tous ceux qui le voudront ouïr. Mais quand ce Prince aura receu le baptesme, nous ne luy pourrons refuser vn Predicateur, tant il le demande instamment, iusques à dire qu'il veut faire bastir des Eglises, & donner de bon reuenu à ceux qui demeureront en son Royaume, lequel pour estre des plus esloignez du Iappon, est quasi ioignãt

aux

aux Ieses qu'ils appellent (ce sont les Tartares) lesquels de terre ferme passent, à vne isle nommée Mateumai, qui n'est qu'à douze ou quinze lieuës du Royaume de Zuegare, & y portent vendre force poissons, des cuirs, & certaines herbes qui croisent sur la mer lesquelles les Japponois mangent volontiers. En contref-change ils acheptent des draps pour se vestir, des armes, & semblables denrées. On dit que ces Tartares sont gens fort cruels, noirs de teint, robustes & portans la barbe & les cheueux longs comme des Moscouites. Ils viuent ordinairement de leur pesche, sans prendre peine de labourer ou cultiuer la terre. Le mesme disoit que le royaume de Zuegare est abõdant en raisins blancs & noirs, qui naissent par tout & croissent sans qu'on leur dõne façons aucunes, & sont tres-bons. Il promit à noz Peres d'en faire porter quelques plãtes à Meaco pour voir si elles y pourrõt fructifier. Sõ fils aisné qu'il a laissé au seruice du Taico, est depuis venu voir nos Peres, & demander cõmodité d'ouir le catechisme, estant resolu de se faire Chrestien.

Paul nepueu de Nobunanga, duquel nous auons parlé cy dessus, depuis qu'il s'est faict Chrestien, a si bien instruit ses seruiteurs & chambrieres, que la plus part ont ià receu le baptesme. Il les exhorte souuent à viure en bons Chrestiẽs, à se confesser, les mene auec soy à la Messe, les enuoye parfois vne lieuë loing vers noz Peres, leur mõstre luy mesme l'exemple de se confesser souuent, bref les aduertit de leurs fautes, & les chastie fort charitablement. Ce qu'il semble auoir apprins de son Frere. Il est aussi continuellement apres sa mere pour luy persuader

ſuader de ſe faire Chreſtienne, & luy en a jà faict venir le deſir: mais parce que la plus part de ſes parens ſont fort alienés de noſtre foy, elle differe encore pour l'amour d'eux. Nous eſperons toutesfois que l'affection qu'elle porte à ſon fils, ſurpaſſera celle de ſes parens, & la fera reſoudre à receuoir le ſainct Bapteſme.

Iean Sotan gentil-homme de marque, & fort riche, qui ſe fit Chreſtien l'année paſſée, auoit ſa femme ſi aliene de noſtre ſaincte foy, qu'elle defendoit aux ſeruiteurs qui venoyent accompagner ſon mari chez nous, de ne manger ny boire choſe qu'on leur dônaſt ceans, iaçoit que Sotan meſme, comme leur maiſtre, le commandat. Car elle auoit ouy dire que nous donnions à manger certaines choſes ſi douces, que quicôque en gouſtoit, demeuroit comme enchâté, & ne ſe pouuoit retirer des Chreſtiens. Ce nonobſtât le mari vſa de telle prudence que luy parlant ſouuent des articles de noſtre foy, & touſiours auec beaucoup d'honneur & louange, il luy perſuada de venir à petit bruit & peu de compagnie, iuſques à noſtre Egliſe, où il la preuint, luy fit voir vne belle image tirée ſur celle de ſainct Luc, vne mappemonde, vn horologe, & choſes ſemblables, leſquelles les Gentils voyent fort volontiers. Elle y print grand plaiſir, & s'en retourna fort contente, ſans toutesfois auoir parlé à pas vn de nos Peres ni Freres. Si eſt-ce que dés lors elle cômença à quitter la mauuaiſe opinion qu'elle auoit conceu de nous, & ouir plus volontiers ce que ſon mari luy diſoit des choſes de noſtre foy. Sur ces entrefaites elle dict auoir veu en dormant la mesme Dame qu'on luy auoit fait voir en l'Eglise, laquelle luy dit auec vn fort gracieux visage, qu'elle deuoit porter vne fille, & la nommer Marie. Dequoy se ressouuenant elle tressailloit de ioye, & disoit à son mari. Il faut que ie sois Chrestienne, puis que ceste Dame que vous me fites voir en l'Eglise, m'est apparuë, & m'a promis vne fille en ce mien aage. Or est elle vieille & sterile de nature. Le mesme iour elle fut au sermon, & depuis ayant esté bien catechizée, a receu le sainct Baptesme, & perseuere en la foy auec autant de ferueur comme son mari.

Outre les enfans & neueus de Nobunanga qui furent baptizez l'année passée, nous en auons ceste année instruit & catechizé autres deux siens neueus, ieunes Seigneurs de quatorze ou quinze ans. Vn desquels nommé Iaques qui est tousiours pres de Geni Foin, fut attiré à la foy Chrestienne par vn sien compagnon de seruice, comme en riant. Car comme il se ioüoit auec vn autre page de Foin, nommé Iean, il luy disoit, Iean ie suis plus braue que toy en tout ce que tu pourrois dire: Ie suis plus fort que toy, i'ay meilleur esprit, ie saute mieux, i'escris mieux que toy. Tu ne t'oserois parangonner à moy. Il est vray, repliqua Iean, ie m'aduouë & recognois inferieur à vous en tout ce que vous auez dict. Il vous manque toutesfois vne chose que vous n'auez pas dit, & en laquelle ie vous surpasse, c'est que ie suis Chrestien, & vous ne l'estes pas. A quoy Iaques n'eust autre replique, ains le pria de le mener chez nous, parce qu'il disoit se vouloir faire Chrestien, comme il fit soubs l'addresse que

luy

luy donna Iean, qui luy disoit depuis. C'est maintenant que ie vous cede en tout & par tout, puis que vous estes Chrestien comme moy & en toutes autres parties plus braue que moy. Ils sont tous deux à Fuscimo au seruice de Foin, & viuent fort modestement.

Nous auons aussi baptizé vn autre neueu de Foin qu'on appelle à present Paul. Il sert de page à Saburondono neueu de Nobumanga, & outre sa bonne complexion naturelle, a belle compagnie d'autres Chrestiens qui l'entretiennent en autant de ferueur comme les susdicts.

Auec les deux neueux de Saçumandono, iadis general des armées de Nobunanga, nous baptizasmes encore vn honnorable homme qui estoit leur maistre és sectes du Iappon, bien venu en la court comme vn des plus doctes de Meaco. Il viẽt depuis souuent chez nous pour enseigner à vn de noz Freres les plus rares secrets poincts des sectes du Iappon, & apprend quãd & quand plusieurs traicts de nos sciences. Car il est fort desireux de sçauoir, & nous a souuent asseuré qu'il auoit plus apprins depuis qu'il est Chrestien, que tout le reste de sa vie, parce que toutes les sciences du Iappon ne luy pouuant enseigner ni faire cognoistre le principe de toutes choses, il ne pouuoit auoir repos, ni prendre tel plaisir en icelles, comme il auoit faict oyant les leçons du Catechisme, & cognoissant vn vray Dieu createur du ciel & de la terre.

Nous auons ceste mesme année baptizé encore vn autre grand Seigneur, intime de Saburondano, & son parent du costé de la mere, ensemble sa femme, & toute la famille. Il a prins nom Iean, est fort humble, charitable & zelateur de la conuersion des ames. Ce qui nous faict esperer qu'il en aydera plusieurs en la cour de Saburondono, où il a tres grand credit.

S'est aussi conuerti vn aueugle Quenguie nommé Michel parent du sus-dict gentil-homme, & homme fort docte & tres-versé aux histoires du Iappon. Quelques iours apres auoir receu le sainct Baptesme, il fut à la faueur de Saburondono, crée Quenquie s'est à dire declaré homme comsommé ez histoires du Iappon, & docteur en icelles. Et par consequent fut receu au college des Quenquies. Ce sont enuiron cinquante aueugles qui ont comme par priuilege special de comparoistre deuant les princes & grãds Seigneurs du Iappon, pour discourir de leurs histoires. Ce que faisant ils gaignent de grosses sommes de deniers. Nous escriuimes dez l'année passée comme nous auions faict Chrestiens cinq personnages de ceste trouppe, qui sont autant de tres excellens instrumens pour la propagatiõ de nostre foy parmy les grands Seigneurs, à cause de la grande authorité qu'ils ont gaigné pres d'eux. Car la noblesse croid aysement tout ce que ces aueugles leur disẽt. De faict ces cinq en ont jà conuerti bon nombre.

Vn noble & valereux capitaine du Royaume de Deua, siz pres celuy de Zuegaro, és plus esloignés quartiers du Iappon, nommé Ischenocamidono, estant ceste année venu à Meaco sans auoir autre cognoissãce de nostre foy, que celle que luy en donna vn Chrestien de sa cognoissance, le menant chez nous

nous,& le priant de prester vn peu d'audience à celuy qui le catechizeroit, fit tant de profit déz la premiere fois, que depuis reuenant plus à loisir ouir les sermons, il receut le baptesme auec tous les seruiteurs qui l'acompagnoyent, & depuis tandis qu'il demeura à Meaco, vint souuent ches nous.

Nous auons aussi baptizé vn Eunuque qui sert à Taico pour luy faire certain breuuage qu'ils appellent icy Chianoiu, & luy auons donné le nom de Iean. C'est vn homme qui ne cesse de parler des choses de nostre foy, où qu'il se trouue, & a vne singuliere grace à discourir d'icelles, prent toutes occasions pour ayder ceux auec lesquels il conuerse & en a des-ja aydé plusieurs.

De plus nous auons baptizé vn gentil-homme familier de Mori Roy d'Amangucchi, nommé Iean, lequel se conuertit estant à Ozaca, & allant souuent visiter nos Peres, pour estre instruict. A la persuasion de celuy-ci nous auons aussi faict Chrestien Paul Firacondono, qui est vn des fauoris de Mori.

Ez quartiers de Meaco demeuroit vn certain Seigneur nommé Thomas, lequel auoit receu le sainct Baptesme il y a quelques annees, mais pour n'auoir continué à frequéter l'Eglise, il s'estoit fort refroidi. Sa femme est niece d'vn gentil-homme Chrestien decedé, & se fit Chrestienne l'année passée au deceu de son mari. Ceste année cy le sus-dit Thomas touché de Dieu rentra en soy, fit vne confession generale, & chassant loin de soy tout ce qui l'empeschoit d'estre bon Chrestien, fit baptiser cinq de ses enfans, vn sien frere puisné, & tous ses seruiteurs. Depuis Dieu voulut qu'vne de ses filles espousast le fils aisné de Iusto Vcondono tres-bon Chrestien. Il auoit vne autre fille mariée auec vn Seigneur du Royaume de Iamate qui auoit six vingts sacs de ris de rente. Taico le fit tuer l'année passée comme rebelle, disant qu'il estoit amy de Quabucōdono. Le bruit couroit qu'il vouloit aussi faire mourir sa féme, selon la coustume du Iappon: Ce qui fut cause qu'elle receut secretement le baptesme: & il pleut à Dieu de tellement disposer les affaires, qu'on ne parla plus de la faire mourir. Toute ceste famille vit fort Chrestiennement, & quoy qu'ils soyent seuls Chrestiés au Royaume de Iamate, s'entretiennent tous entiers en la foy, escriuant souuent à nos Peres: & le Sieur Thomas comme leur chef venant souuent à Meaco pour communiquer auec noz Peres, & receuoir d'eux quelque bon enseignement, duquel il faict depuis part à sa famille.

Vn ieune Seigneur aagé de quatorze ans, neueu d'vn riche gentil-homme qui l'auoit adopté, print pour son maistre de lire & escrire, vn gentil-hôme banni de Bungo, qui s'employa fort bié à l'instruire, & depuis l'exhorta à se faire Chrestien. A quoy le ieune Seigneur s'accorda: mais d'eux choses l'empeschoyent. l'vne que son Pere n'estoit pas sur le lieu: l'autre que son oncle detestoit la religió Chrestienne. Il fut toutefois si efficacement catechizé par son maistre, qu'en fin il receut le baptesme, & le Pere Recteur luy enuoya de Meaco, vn chappelet, des grains benits & images, pour les tenir en sa maison.

En

En vn village pres de Meaco, demeuroit vne vieille aagée de quatre vints ans, qui estoit de la secte d'Amida qu'ils appellent Iondoschiu, & se trouuant fort malade, & quasi à l'article de la mort, auoit achepté des Bonzes vne robe de papier, toute parsemée de lettres chinoises, auec laquelle ilz ont coustume de se faire enseuelir, cõme pardeça auec l'habit de S. Frãçois. Ils appellent ceste robe Quiocatabira, & tiennent qu'elle leur sert pour estre mieux recognus, & plustost admis au Royaume d'Amida, ceste vieille en paya six vingts mesures de ris quelle auoit gaignées auec grandissime peine, trauaillant de ses mains. Elle auoit ouy dire qu'vne autre vieille de sa cognoissance, estoit morte peu de iours apres auoir receu le sainct baptesme. Qui fut cause qu'elle s'en alla exprès à Meaco ouyt deuotement & auec grande effusion de larmes l'explication du Catechisme, finalement receut le baptesme, & soudain apres fut vers le P. Recteur, tant pour le remercier de l'auoir faicte instruire & baptiser auec tant de charité, comme pour luy laisser cest habit diabolique que les Bonzes luy auoyent vendu, ensemble le chappelet, auec lequel elle auoit coustume de faire ses oraisons superstitieuses, se monstrant bien marrie & dolente d'auoir vescu si lõg tẽps en ces erreurs. Le P. Recteur luy donna vn autre chappelet & vn Agnus Dei, lequel elle emporta s'en retournant auec vne indicible allegresse.

A Quiosa cité principale de tout le Royaume de Voari demeuroit vn ieune enfãt aagé seulement d'onze ans, que sa mere auoit mis entre les mains d'vn riche Bonze, Superieur d'vn grand monastere, pour apprendre leurs ſciences, & eſtre ſon diſciple. Ces Bōzes ont couſtume de faire veſtir ſemblables enfans, qu'ils appellēt Caſchiques, cōme ſi c'eſtoyēt de ieunes filles, auec leurs cheueux longs & tous eſpars, & mourans les font heritiers de leur maiſon, reuenu & dignité. Ceſt enfant demeura iuſques à l'aage de treze ans auec ce Bonze. Tandis ſa mere qui eſtoit vefue, eſpouſa en ſecondes nopces vn Chreſtien, à la perſuaſion duquel elle ſe fit auſſi Chreſtienne, & comme ſon fils l'alloit voir, luy parla ſouuent de ſon ſalut, autant en faiſoit le mari. L'enfant qui commencoit à diſcerner le bien du mal, recognoiſſāt le mauuais eſtat auquel il ſe trouuoit, & comme il n'y auoit autre chemin de ſalut que ſe renger à la foy Chreſtienne, & renoncer aux Bonzes, ſe reſolut de conſulter ce poinct auec vn ſeruiteur de ce Bonze, lequel luy conſeilla de s'enfuir de nuict, & ſe retirer chez quelque Chreſtien. Ayant ainſi conclu & arreſté entre eux deux, ſuruint la feſte de Xiaca la veille de laquelle le Bonze dit à l'enfāt que le l'endemain il le vouloit razer, qui eſtoit l'obliger à viure & mourir Bonze. Ce qu'oyant ceſt enfant reſolut en ſon cœur de promptement effectuer ce qu'il auoit deliberé. Et de faict la meſme nuict, quoy qu'il pleut extraordinairement, comme chacun ſe fut retiré, l'enfant & le ſeruiteur ſortirent par le derrier du logis, du coſté des iardins, franchirent pluſieurs foſſés, non ſans grande peine, & ſe rendirent ches vn Chreſtien leur voyſin. Toutesfois pour mieux tenir le tout ſecret, le ſeruiteur s'en retourna ſoudain par où il eſtoit paſſé, & ſe remit en ſon lict cōme ſi iamais il

n'y

n'y eut pensé. le lendemain de bon mattin le Bonze ayant sçeu que l'enfant s'en estoit allé, en fut extremement marri, l'enuoya chercher chés sa mere, sçachant qu'elle estoit Chrestiéne, & ne le trouuant se douta que ce valet ne fut consentant au faict, l'appella, le menaça s'il ne luy disoit la verité. Mais le valet tint bon, & dict n'en sçauoir rien. La nuict suyuante il fut trouuer l'enfant chez ce Chrestien, d'ou partans ensemble, ilz allerent en la maison de Taqueia, qui sert d'Eglise pour les assemblées des Chrestiés, & pour dire la Messe quand noz Peres les visitent. Là ils furent catechizés & baptizés par le vieillard Constance, qui est comme le Pere de tous les Chrestiens de Voari. Mais par ce que le Bonze le faisoit chercher de tous costés, ils furent contraincts de se retirer à Meaco cinq ou six iournées arriere de Voari. Vn Gentil-homme Chrestien nommé Naito, grand amy du Seigneur de Voari, les conduisit iusques icy, où arriuant l'enfant vint soudain chez nous, & le seruiteur s'en alla visiter ses parens. Le Bonze ne desista pourtant de le chercher, & ayant sçeu qu'il estoit à Meaco, employa plusieurs de ses parens, & bons amis pour le r'auoir. Mais Michel (ainsi s'appelle l'enfant) desirant demeurer auec nous, & ne le pouuant faire à Meaco, à cause des gens qui espioyent l'occasion de l'enleuer, le P. Recteur l'enuoya au seminaire de Nangasaqui, où il estudie fort bien, & donne esperāce de rëussir vn iour fort grād predicateur.

En la mesme ville de Quiosu demeuroit vne dame Chrestienne, laquelle ayant du temps mesme qu'elle estoit payenne, exercé fort volontiers les œuures de misericorde, & particulieremẽt l'aumosne & hospitalité, logea vn iour chez soy vn aueugle homme fort honorable, qui venant de Bando s'en alloit à Meaco. Son mari qui est aussi fort bõ Chrestien, reuenant des champs, fut bien ayse de trouuer chez soy vn tel hoste, & l'inuita à souper. Or auoit il introduict en sa famille coustume de dire tous les soirs tous ensemble les Letanies auant se retirer. L'heure venue comme chacun accouroit des diuers lieux de la maison, l'aueugle qui entendoit le bruit & puis ouit leurs deuotions voulut sçauoir que c'estoit & s'estõnant de les auoir ouys prier si vnaninement, demanda quelle oraison c'estoit si aggreable à tous. Le maistre de la maison luy respondit, que c'estoit vne priere par laquelle les Chrestiẽs se recommandoyent à Dieu Createur du ciel & de la terre. Ce qui esmeut l'aueugle à desirer d'ouyr quelque chose de la loy Chrestiẽne. Le maistre du logis luy en discourut sommairement disant qu'il auoit esté Foquesqui, grand zelateur de l'honneur de Xiaqua: mais ayant ouy vn predicateur Chrestien prouuant à l'œil comme Xiaqua & Amida auoyent este hommes, auoyent eu femme & enfans comme les autres, & pourtant n'auoyent force ni vertu de sauuer les hommes, ni de se garantir eux mesme de la damnatiõ, pour n'auoir cogneu le vray Dieu Createur du ciel & de la terre, & nostre Sauueur, il auoit renoncé Xiaqua, & s'estoit faict Chrestien. Si vous aués desir d'estre plus amplement instruict, dict-il, i'ay vn fils qui presche fort bien, & vous catechizera. L'aueugle respondit qu'il le vouloit fort, & le pria de faire venir ce Predica-

teur.

teur. C'est vn autre aueugle (lequel fut au Royaume de Tuegaro ainsi que nous auons escrit cy dessus) qui le catechiza quelques iours, & puis le baptiza.

Vn Chrestien de Meaco nommé Laurens, ayant retiré chez soy vn soldat iadis seruiteur de Quabacondono, luy persuada de se faire Chrestiẽ. A quoy il s'accorda, & ouyt quelques sermõs: mais sa femme l'empeschoit, ne voulant consentir qu'il receut le baptesme. Elle estoit enceinte de son premier fruict, & peu de iours apres surprinse des douleurs de l'enfantemẽt, se trouua en extreme danger de la vie, sans aucun remede humain qui la peut soulager. Son mari l'approchant, luy mit vne image de nostre Dame sur la teste, puis la posa fort honorablement en vn coing de la chambre, conseillant à la patiente de se recommander de bon cœur à ceste saincte Vierge, & luy mesme se mit à genoux deuant l'image. Il n'eust pas dict vn *Pater noster*, que sa femme se deliura d'vn beau petit fils, sans auoir senti douleur aucune depuis qu'elle commença de se recommander à nostre Dame. Qui fut cause que non seulement elle n'empescha plus son mari de se faire Chrestien; ains luy promit d'ouïr les sermons, & receuoir le sainct Baptesme, publiant le bien qu'elle auoit receu de Dieu par l'intercessiõ de nostre Dame & aduocate.

Les affaires de la Chrestienté sont Dieu mercy en tresgrand honneur & credit par tous ces païs, & les Payens mesme en ont conceu telle opinion, qu'il ne se trouue plus personne qui en mesdise, comme ils faisoyent par le passé; ains se resiouyssent tous d'ouyr ce qu'ils detestoyent cy deuant, &

comme la plus part des Chreſtiens ſont gens honnorables & de marque, & tous fideles & vertueux, il ſe trouue force gens, qui outre le ſalut de leur ame, prennent pour grand honneur de ſe faire Chreſtiens.

Taico meſme a tres-bonne opinion de noſtre loy, & bien ſouuent parlant de nous, en preſence de plusieurs grands Seigneurs, a dit qu'il nous tenoit pour gens droicturiers & fort veritables; adiouſtant qu'il ſe rendroit volontiers Chreſtien, n'eſtoit que ce faiſant, les Bonzes mourroyẽt de faim, & leurs temples qui ſont les plus beaux ornemens du Iappon, iroyent en ruine. D'où appert qu'il ne nous eſt pas ſi mal affectionné qu'on crie. Outre qu'il ſçait bien qu'vne infinité de perſonnes reçoyuent tous les iours le ſainct Bapteſme, & ſi ne les empeſche point.

Quintanomandocore qui eſt ſa principale femme, parle encore bien ſouuent de nous auec grand honneur & reſpect, en diſcourant auec certaines Dames Chreſtiennes, qui ſont à ſon ſeruice particulierement à Magdaleine Quiacuzin treſ-vertueuſe Dame. C'eſt celle à qui Taico eſtant l'année paſſée griefuement malade, mit en main cinq cens pieces d'or, luy diſant. Ie veux que vous diſpoſiez de cecy apres ma mort, ainſi que bon vous ſemblera, pour le ſoulagement de voſtre vieilleſſe. Car ie vois bien que vous n'auez plus moyen de ſeruir autruy. Mais ſouuenez vous comme ie deſire que le deſpendiez pour vous. Ce qu'il diſoit craignant qu'elle ne s'en priuaſt pour le donner aux pauures. Elle vſe d'vne merueilleuſe diligence en tous les

affaires qu'on luy recommande, quoy qu'il luy en suruienne tant, que bien souuent elle ne peut trouuer le temps de boire & manger pour sa necessité. Si n'obmet elle iamais ses deuotiõs accoustumées, ains se rend à son oratoire pour y faire ses prieres, apres auoir fini ses negoces, iaçoit qu'apres minuict, ce qui luy aduient si souuent que se voulant priuer du repos corporel, pour satisfaire à ses deuotions, elle est souuent surprinse de sommeil, & tombe à terre son chappellet en main. La continuation de ce violent exercice, luy causa l'esté passé vne grosse maladie, qui l'affligea l'espace de deux ou trois mois, tant à Fuscimo, lieu ordinaire de sa demeure, cõme à Meaco où elle vint pour changer d'air & se faire mieux penser, y estant arriuée elle pria qu'on luy enuoyast nostre Frere Vincent pour la traicter: le P. Recteur y fut aussi pour la confesser & communier, comme il fit auec plusieurs autres ses parentes, pour la feste de l'Assomption. Durant sa maladie ce qui plus l'affligeoit, estoit qu'elle ne pouuoit vaquer à ses deuotions ordinaires, tant à cause de sa foiblesse, que pour la multitude des personnes qui la visitoyent. Elle est fort addonnée à l'aumosne & autres œuures de misericorde, ne laissant passer occasion qui se presente de bien faire, principalement aux Chrestiens. C'est vne des plus liberales Dames de Meaco en nostre endroit. Son mari est riche, & neantmoins tant humble & simple, qu'il vouloit l'autre iour se renger à vne Congregation qu'on appelle des pauures, quoy qu'il en y aye plusieurs autres de gens nobles & tres-honnorables, qui l'eussent tres-
volon

volontiers admis és leurs.

Vn de noz Peres passant dernierement par les Royaumes de Mino & Voari, receut vne indicible consolation voyant ceux qui accouroyent de tous costez pour le voir, & se faire instruire, particulierement quelques vieillards qui vindrent à pié de cinq ou six lieuës ; & sur tous vn aagé de quatre-vingts & quatre ans, qui vit en grande disette parmi les payens, qui le persecutoyent fort il y a quelque temps, non pour autre raison que parce qu'il est Chrestien; mais depuis cognoissant son integrité, & voyant qu'il leur rendoit tousiours bien pour mal; ils ont cessé de le molester, & à present l'aydent mesme de quelques aumosnes, loüant par tout la patiẽce & humilité des Chrestiens. Ce bon vieillard est si rond & si cãdide en toutes ses actiõs, qu'estant l'année passée allé trouuer le Pere enuiron la feste de Pasques, il passa les festes prés de luy : puis s'en voulant retourner comme il fut pour prendre congé, le Pere luy demanda s'il s'estoit confessé, il respondit franchemẽt que s'estant confessé l'année precedente, & depuis ayant examiné sa conscience, il ne trouuoit auoir rien commis qui l'obligeast à se confesser, par ce qu'en l'aage auquel il se retrouuoit, il ne faisoit que trauailler iour & nuict pour gaigner sa vie, faisant des pantoufles de paille; & employant ce peu de temps qui luy restoit, à prier Dieu, & chercher quelque occasion de reduire les Payens au mieux qu'il luy estoit possible. De quoy tous les assistans furent fort edifiez. Si ne passa-il pas la bonne feste sans se confesser fort humblement, & au grand contentement de son ame.

Autres deux vieillards mari & femme, anciens Chrestiens, vindrent aussi de fort loin pour se confesser & cōmunier. Ils demeurent parmi les Payens lesquels leur font vne infinité d'iniures, les affligent & calomnient sans cesse. Mais les bonnes gens endurent tout si patiemment que leurs aduersaires mesmes s'en estonnent. Ils asseurerent au Pere que cinq ou six personnes de leur propre famille, qui ne cessoyent de les persecuter, estoyent morts en peu de iours d'vne maladie incurable, & que pour leur costé ils n'auoyent senti mal ni douleur aucune, il y auoit fort long temps. Dequoy ils loüoyent Dieu. Ils auoyent vne fille de dixhuict ans ou enuiron, que plusieurs demãdoyent en mariage, mais attendans commodité de la marier auec vn Chrestien, ils l'auoyent refusée à tous. Vn ieune & riche Seigneur la voulut enleuer par force, pour en faire sa concubine. Dequoy les bons vieillards ayans senty le vent, partirent de nuict auec leur fille, quittant leur maisonnette, & abandonnant le peu de bien qu'ils auoyent, pour sauuer l'honneur de leur fille, & empescher que Dieu ne fut offencé.

Pierre Xijemont fils aisné du iadis Roy de Iequ, ayant inuité le Pere qui visitoit le Royaume de Mino, auec quelques autres Chrestiens, apres disner pria nostre Frere qui tenoit cōpagnie au Pere, de Catechizer sa femme, & autres diuerses personnes qui estoyent chez luy. Ce qu'il fit non seulement pour lors, ains durant quelques iours, iusques à tant qu'il eut expliqué tout le Catechisme. Les sermons finis, le mari demandant à sa femme

si el

ſi elle les auoit bien ouïs. Ouy, dict elle, & n'ay rien rencontré qui ne me plaiſe infiniment. Car tout eſt tres-cõforme à la raiſon & à la verité. Pour ſa volonté elle eut deſiré receuoir ſoudain le ſainct Bapteſme; mais parce que la femme de Geni Foin ſa tante & tous ſes parens eſtoient Payens, elle ne le vouloit faire à leur deceu. Tandis on baptiza pluſieurs perſonnes de ſa maiſon, qui auoyent ouy les ſermons auec elle.

Fucuſchimandono Seigneur du Royaume de Voari, ſe ſert fort des Chreſtiens, & les fauoriſe beaucoup. Il a promis à vn Quinquje aueugle Chreſtien, habitant de Voari, vne belle place pour y dreſſer vne Egliſe, laquelle baſtie les Chreſtiens ſont reſolus de tenir touſiours là vn Predicateur, pour les inſtruire & confirmer au bien. Ils ſont fort ſpirituels, & ne quittent pas le bien qu'ils ont vne fois entreprins, quoy qu'ils ne ſoyent du commencement faciles à l'ambraſſer.

La conuerſion de tant de Nobleſſe, nous a bien ceſte année cy cauſé beaucoup de ioye & conſolation, tant a Meaco comme à Ximo: mais le decez de quelque peu d'autres ne nous a pas moins reſiouy, nous faiſant voir à l'œil la ſinguliere prouidence de Dieu enuers ceux qu'il tire à ſa cognoiſſance. Nous en remarquerõs icy deux ou trois exemples.

Il y auoit au Royaume de Vorai vn Chreſtien nommé Leon Taqueja, qui fut baptizé à Anzuquijama du temps de Nobunanga, & ſeruoit d'vn ferme pillier à toute la Chreſtienté de ces quartiers, tant par ſon bon exẽple, que par le zele qu'il auoit à la conuerſion des Gentils, faiſant de ſa maiſon vn

logis

logis commun à tous les Chreſtiens. C'eſt vn excellent ouurier en ſon art, qui eſt d'eſtre armurier, & officier du Roy pour cognoiſtre & marquer les eſpées & cimeterres qui ſe vendent au Iappon, par ce qu'il y a du fer de tresgrãd pris. A ceſte occaſion quittant Voari il eſt venu demeurer à Meaco, & s'y eſt bien logé, laiſſant ces maiſons de Voari aux Chreſtiens, pour y baſtir vne Egliſe, & vn logis pour noz Peres, quand ils les vont viſiter. Quant à ſa maiſon de Meaco il l'a tellement accommodée qu'il y a lieu ſeparé pour l'habitatiõ de noz Peres, & pour y dire par fois la Meſſe, à laquelle aſſiſtent la pluſpart des Chreſtiens de la haulte & baſſe ville de Meaco. Il aymoit fort les pauures, & logeoit chez ſoy tous les paſſans Chreſtiens, quoy qu'il n'eut autre cognoiſſance d'eux, tellemẽt qu'il auoit touſiours des hoſtes, ſans tenir compte de la deſpenſe qu'ils luy faiſoyent.

Eſtant ſur le commencement du moys de Iuillet allé à Sacai, pour quelques ſiens negoces, il fut aſſailli d'vne groſſe fieure, auec laquelle il reuint à Meaco : peu de iours apres luy paruſt pres l'oreille vne groſſe apoſtume, qui fit rengreger ſon mal, & l'affoiblit tellement qu'il commença à ſe preparer à bõ eſciẽt à la mort, ſe cõfeſſa deux fois, diſpoſa de ſes biens, aſſembla tous ſes enfans, leur donna pluſieurs tres-beaux & tres-ſalutaires aduertiſſemens, leur inculcant ſouuent entre autres qu'ils ſe ſouuinſſent combien peu ſeruoit l'or & l'argent ſur l'heure de la mort: bref leur recommãdant ſur tout l'honneur & crainte de Dieu, & qu'ils miſſent peine de luy faire touſiours quelque aggreable ſeruice. Finalement se voyant quasi à l'extremité, il eut tres-grand desir de receuoir nostre Sauueur pour viatique, & à ces fins pria qu'on dict la Messe au lieu accoustumé. Ce que le P. Recteur luy accorda y allant luy mesme pour la dire. Mais il se trouua si bas, & tant mal disposé, qu'il ne peut receuoir son Createur, ains se contenta de l'adorer, & luy recommander tres-humblemẽt son ame. Cecy arriua le Dimanche apres la feste S. Pierre & S. Paul, & le dimanche suyuant il partit de ceste vie, ayant quasi iusques au dernier souspir parlé tousiours de choses sainctes, & consolé ceux qui le visitoyent.

Nous escriuimes l'année passée comme Dieu auoit appellé à soy vn ancien Gentilhomme Chrestien habitant de Voari, nõmé Syluestre, qui auoit serui Nobunanga, & s'estoit tousiours monstré tres-affectionné à nostre compagnie. Vn an auant sa mort il auoit espousé vne bonne dame laquelle il conuertit tellement à la foy Catholique, que le changement de vie fut admirable. Car estant demeurée vefue, sans enfans & moyens, d'autant que les enfans du premier lict succedoyent aux biens immeubles du defunct, fut priuée de ce peu qui luy restoit de son bien, par authorité du Seigneur absolu du Iappon. Quant au secours de ses parens & alliez, elle en fut totalemẽt forclose. Car estant de la race du Bonze d'Ozaca, chef de la secte des Icosches ennemis capitaux de la Loy Chrestienne, & ayant receu le sainct Baptesme contre leur volonté, ils ne la voulurent plus voir ni moins receuoir en leur logis, si elle ne renonçoit au christianisme. Ce que refusant faire, & prenant resolution.

lution de plustost mourir, se fit tondre pour viure parmi les pauures du trauail de ses mains. Les confraires de la misericorde luy donnerent vn petit logis pour se retirer, & quelque moyen de viure. Elle vesquit en tel estat bien pauurement l'espace d'vn an, ayant sa mere & parens riches en la mesme ville de Meaco, & se contentant de demeurer pres de l'Eglise, sans empeschement qui la peut detourner de son salut. Tandis elle tôba en vne si horrible maladie, qu'on l'eut iugée ladre, tout son corps n'estoit qu'vne crouste, il n'y auoit medecine q̃ la peut soulager, elle ne se pouuoit tourner dans le lict sans estre aydée, ni mesme porter le morceau à la bouche. Dequoy sa mere aduertie, la pria de prendre son logis chez elle pour se faire mieux penser, promettant ne luy parler de chose aucune qui la peut diuertir de sa foy & creance. Elle s'en remit à l'aduis du P. Recteur, & des Chrestiens, qui trouuerẽt tous fort bon qu'elle se retirast chez sa mere, où elle demeura iusques à la mort, donnant de tels exemples de patience & constance en la foy, que sa mere en fut esmeuë à se faire Chrestienne. Elle s'estonnoit fort de la charité que nos Peres exerçoyent enuers elle, luy enuoyant & medecin & medecines, & toutes autres choses necessaires pour son entretenement. Plusieurs dames Chrestiennes la visitoyent par fois fort charitablemẽt. Ce qui excitoit de plus en plus la mere à se faire instruire. Dequoy elle pria vn iour le medecin, lequel luy discourut deux fois de la loy Chrestienne, la laissant desireuse d'en apprendre encore dauantage. A ces fins elle s'informa de sa fille, laquelle l'enseignoit plus de faict que de parole par sa constance, patience & charité. Finalemét ceste maladie la mina & cősomma tãt, qu'estãt quasi toute pourrie au dedans, elle rendit son ame à Dieu, inuoquãt sans cesse les saincts noms de IESVS & de MARIE. Disposant de ce peu de meuble qui luy restoit, elle donna tous ses habits aux pauures, ses grains benits, reliques des saincts & chappellets aux femmes qui l'auoyent seruie durant sa maladie, & voulut que son corps fut inhumé à nostre Eglise. Ce que nous luy octroyames, & fournimes tout ce qui fut necessaire pour ses funerailles. Dequoy la mere fut si bien edifiée, qu'elle enuoya soudain hommes expres pour nous en remercier, & prier qu'on continuast à faire le seruice pour son ame, enuoyant les chandelles & aumosnes requises pour distribuer aux pauures. Quelques iours apres elle vint en personne nous remercier, se disant tant edifiée de la charité que les Chrestiens auoyent exercé enuers sa fille viue & morte, qu'elle ne sçauoit comme satisfaire, si ce n'estoit en se faisant Chrestienne. A ces fins elle commença à frequenter les sermons, se confirma de plus en plus en son bon propos, & finalemét receut le S. baptesme, au grand contentement de tous les Chrestiens de Meaco, qui s'estonnoyent de voir qu'elle eut renoncé à tout le bien & honneur qu'elle receuoit du Bonze d'Ozaca riche & puissant ; & ce pour l'amour de Dieu & du salut de son ame.

Il y auoit à Meaco vn homme, lequel par l'espace de dix & sept ans auoit serui Iuste Vcondono, tant en la forteresse de Tacataqui, qu'ailleurs : viuant parmi les autres, comme bon Chrestien, & de de tous tenu pour tel. Estant ceste année au Royaume de Langa leuant les rentes y deuës à Iuste, il tomba en fieure, & pria ses compagnons de le faire porter chez nous, disant qu'ils se vouloit confesser. Ce fut à la bonne heure, & bien à propos pour son salut. Car arriué qu'il fut chez nous, il declara comme du temps que Iuste Vcondono possedoit Tacataqui, & vouloit que tous ses subiects embrassassent la foy Catholique, son pere qui estoit de la secte des Icosches, pour plaire audict Iuste, auoit auec toute sa famille, faict semblant d'estre Chrestien, & se portoit pour tel quād on l'exhortoit ouir les sermons. Ce que voyant le susdict aagé pour lors de sept à huict ans, ne voulut descouurir l'hypocrisie de son pere, craignāt qu'il ne le fit baptizer, proposant neantmoins de vouloir viure & mourir Chrestien, ainsi qu'il faisoit sās declarer s'il estoit baptizé ou non. Dequoy bien estonnés tous les assistans, prierent le P. Recteur de le baptiser, ce qu'il fit & le l'endemain ce bon homme rendit son ame à Dieu.

De ce qui se passa durant la Mission d'vn de nos Peres, és Royaumes de Mino & Voari.

POVR mieux faire entendre ce qui se passa durant ceste mission, ie coucheray icy mot à mot ce que le mesme Pere en escriuit Nous auons employé en ceste mission, plus de vingt iours, & durant iceux baptizé soixante personnes, si nous y eussions seiourné encore autant, il y en auoit plus de cinquante qui eussent receu le baptesme. Mais parce que nous estions pressé de retourner à Meaco, nous auons dilayé ce baptesme pour vne autre fois. A Mino nous baptizames les enfans & filles du frere de la nourrice de Saburondono, de laquelle a esté parlé cy dessus : & vn neueu de la féme du Gouuerneur de Meaco ; tous en la cité de Guifa, qui est la principale du Royaume de Mino, où demeure Saburondono, neueu de Nobunanga, Seigneur de la plus part dudict Royaume. Il arriua de Meaco à Guifa le propre iour de Pasques. Tous les Chrestiés luy allerent au deuant, luy faisant plus grãd hõneur que iamais. De son costé il leur monstroit aussi de tres-particuliers signes d'amitié & bienueillance. Le mesme iour Sacõdono gentil-homme d'hõneur, qui est cõme le Pere & chef de tous les Chrestiens de ceste ville, fut au palais visiter Saburondono, qui s'enquist fort particulierement de tous noz affaires demandant si nous deuions seiourner long temps à Guifa. Puis escriuit de sa main propre, à nostre frere Paul l'inuitãt à sa forteresse. Dequoy il s'excusa sur le tẽps & soupçons que nos ennemis & enuieux en pourroyẽt tirer. Ce q̃ Saburõdonõ trouua fort bon.

Le iour suyuant apres ceste inuitation, qui estoit le Dimanche de Quasimodo, il enuoya tous ses pages d'honneur à la Messe chez nous ne se souciant d'estre seul au palais, pour leur donner ceste commodité. Le mesme iour Xeirocundono inuita chez soy tous les principaux Chrestiés, qui estoyent à la suyte de Saburondono pour les festoier. Nous y fumes aussi appellés pour discourir & faire quelques conferences sur la solennité de ces iours. Plusieurs desiroyent desiroyẽt fort ouïr quelque sermon, mais parce que le peuple est occuppé aux edifices de Taico, & la plus part estoyent prests à partir pour s'y rendre, on differa de les assembler pour cest effect. Nostre Frere y retournera à la premiere commodité.

Sabutõdono dõna à Xeirocũdono vne plaine belle & grãde, où il s'est resoulu de bastir vne Eglise & maison, pour retirer les nostres quand ilz vont là, & ce deuant la prochaine feste de Noël.

Ie fus fort edifié de la ferueur & deuotion des Chrestiens de Voari, lesquels ne pouuans attendre nostre arriuée en leur ville, vindrent quasi tous à Gifa pour y celebrer la feste de Pasques. Ceux qui demeurerent en la ville, s'assemblerent chez vn Chrestien, où nous auons coustume de dire la Messe, pour y faire leurs deuotions, quelques conferences des choses de Dieu, & puis banquetter. Les festes passées ils sortirent trois diuerses fois de la ville à grosses trouppes, pour nous venir au deuant, lors qu'ils pensoyent que nous deuions arriuer.

Depuis que par iuste iugement de Dieu le Pere de Quabacondono capital ennemi des Chrestiens, fut chassé du Royaume de Voari, vn parent de Taico nommé Fucusximadono luy succeda au Gouuernemẽt de la forteresse de Quiosu. On le tenoit pour vn homme fort barbare, cruel & inhumain. Toutesfois depuis qu'il ouyt vn sermõ de nostre Frere Vincent, auquel par bon rencontre, il mõstra combien cest chose iniuste & abominable deuant Dieu & les hommes, de tuer vn homme, & beaucoup plus de le tourmenter contre la raison, il fut si viuement touché par ce discours, qu'il aduoüa que nostre Frere auoit tres-bonne raison, & non seulement s'amanda de ses façons de faire, ains commença à caresser les Chrestiens, & les aymer, tellement qu'vn luy ayant demandé certaine piece de terre pour y bastir vne Eglise, il l'octroya fort volontiers.

Nous demeurasmes pres de la forteresse de ce bō Seigneur, cinq ou six iours, fumes visités de plusieurs de ses seruiteurs, ouysmes les confessions de tous les vieux Chrestiens, & baptizames quelques personnes. De là nous fumes à Fanamasa, où il y a force Chrestiens baptizés & instruicts depuis trente ans, par le bon vieillard Constantin.

Au lieu de Simon, de Quidatangodono, & de son beaufils Xiozaimo, qui estoyent les colomnes de la Chrestienté au Royaume de Voari, bannis apres le meurtre de Quabacōdono, pour auoir esté ses seruiteurs; il a pleu à Dieu nous donner autres deux nobles Chrestiens, lesquels fauorisent, aydent, & cherissent les Chrestiens, autant que les susdicts. Nous eumes bien de la peine à nous departir d'eux deuans retourner à Meaco.

Il y a au Royaume de Tuono Quuni, qui est vn des cinq qu'ils appellent Goquinay, certains bains fort renommés, où se trouuent ordinairement de deux à trois mille personnes pour leur santé. Le P. Recteur de Meaco, homme ià vieux & fort maladif, s'y transporta premierement pour sa santé, laquelle il y recouura de fait, & puis pour y faire quelque profit pour la conuersion des ames, comme il fit conuersant auec quelques gentils-hommes de marque, qui ouyrent le catechisme, & se firent Chrestiens. Retournant à Meaco il visita vn grand Seigneur,

gneur, à qui est la terre où sont les bains, lequel ouït le sermon auec deux de ses enfans, & demeura fort enclin à se faire Chrestien. Poursuyuant son chemin il rencontra trois gentils-hõmes, lesquels ne se pouuoyẽt saouler d'ouir parler de nostre saincte foy: l'vn d'iceux est fils du capitaine du chasteau d'Otai, lequel receut fort humainement le P. Recteur, luy promettant d'ayder en tout ce qui luy seroit possible, noz Peres à Meaco, & employer son pere, qui a beaucoup de credit enuers Taico.

De la residence d'Ozaca.

NOVS auons establi ceste année cy vne residence à Ozaca, pour satisfaire à la noblesse qui accourt de tous costés ouyr les sermons, par ce que la cour de Taico est maintenãt pour l'ordinaire à Ozaca ou à Fuschimo. Il y a ordinairement vn de nos Peres, accompagné d'vn de noz Freres, & d'vn des nourrissons du Seminaire, ià Predicateur, qui ont soing non seulement des Chrestiens qui sont en la ville, ains de ceux d'Osacai, & autres lieux du Royaume de Tucnochuni & Cauacchi, qu'ils visitent par fois.

Vn gentil homme Chrestien racompta au Pere qui demeure à Ozaca, vn beau miracle qui arriua, luy estant à Bungo, lors que Ioschimane fils du Roy François, fit tuer Ioran auec sa femme & enfans, parce qu'ils estoyent les colomnes & appuys de tous les Chrestiens des terres de Facata, puis fit accuser de ces meurtres & assassinats, vn beaufrere de ce gentil-homme, disant qu'il auoit tué de sa main propre vn fils de Ioran, & quelques siens seruiteurs. Disoit donc que la femme de son beaufrere estant preste à enfãter, auoit esté possedée du diable qui crioit, ie veux mener en enfer la mere & l'enfant. Ce que voyãt le mari se print à faire plusieurs grands vœus, promettant d'enuoyer toutes ses armes, & les meilleurs meubles de sa femme, à Teschiodaigin qui est vn des trois principaux Camis ou idoles du Iappon. Mais dautant plus ils faisoyent de vœus, d'autãt moins estoit soulagée la patiente. Il se trouua là vn gentil qui voyãt ce qui se passoit, conseilla qu'on fit appeller Vngasauara, frere de la malade, qui estoit Chrestien, & auoit jà chassé trois diables. Il pourra bien encore chasser celuy ci, disoit il. On l'appella, il vint, & aduerti de tout ce qui s'estoit passé, commanda premierement qu'on reuoquast tous les vœus superstitieux, & vaines promesses qui auoyent esté faictes au diable, & que mari & femme promissent de ce faire Chrestiés. Ce qu'ils firent soudain, & quand & quand aussi il monstra son reliquaire à la demoniacle, luy disant. Commét est ce que tu as prins la hardiesse d'entrer au corps de ceste femme, sçachant que ie suis Chrestien, & qu'elle est ma seur? Le diable sentant approcher le reliquaire, commença à ietter de grands cris, & se tourmenter horriblement, disant, Laisse moy, ie sçay bien que tu es Chrestien. Ce bon Seigneur voyant sa seur tant affligée, fit vœu à Dieu de quelques ieusnes, disciplines & prieres: puis luy mit le reliquaire au col, disãt le Credo. Le diable se print à crier, Ie sçay bien que tu n'aymes pas beaucoup ta seur, parce qu'elle est payenne, & ne se veut pas faire Chrestienne; mais ie t'asseure aussi q̃ ie ne suis pas entré en elle de mõplein gré, ou propre mouuement, mẽt, ains à la requeste & sollicitatiõ de la premiere femme q̃ tõ beau frere a repudiée, laq̃lle a promis de m'adorer si ie tourmentois celle cy. Ce qu'ayant dict, il partit du corps de ceste pauure femme, laquelle se deliura soudain de son fruict, & demeura quelque temps comme morte; puis reuenant à soy fut baptizée, & l'enfant aussi. Le diable quitta bien ceste femme, mais il alla s'emparer de la premiere qui l'auoit prié, & la tourmenta tant, qu'elle demanda estre baptizée, & auec le baptesme reçeut la santé & fut deliurée du diable.

Ceste année est mort à Tacatacqui vn des meilleurs & plus deuots Chrestiens qui fut ez terres de Iuste Vcondono. Ce fut d'vne grande apoplexie, durant laquelle il ne cessa iamais de dire ses deuotions, aussi bien que s'il fut esté en bonne santé. Le Pere qui se tient à Ozaca le fut visiter, & sçeut comme il auoit onze ou douze ans gardé entiere chasteté viuant auec sa femme.

Vn pauure ieune garçon natif du Royaume de Fiunga, estant venu trauailler aux edifices de Taico à Ozaca, fut si grieuemẽt malade, que son maistre qui estoit payen, ne trouuant remede pour le soulager, & craignant la peine qu'il luy pouuoit donner, le chassa de sa maison, commandant qu'il fut porté hors, & laissé soubs vne hale, où les Payẽs ont coustume de faire brusler les corps de leurs trespassez, lieu assez proche de nostre maison. C'estoit sur le soir, & au mesme temps que deux des Seminaristes passoyent par le mesme chemin. Le seruiteur qui les accompagnoit entrant par curiosité soubs ceste hale ouuerte de tous costez, trouua le malade prés du feu, auquel on acheuoit d'en brusler vn autre, & bien pres deux chiens ou loups qui sembloyent estre là pour le deuorer. Ce qui estant rapporté au Pere d'Ozaca, il le fit porter chez nous, Catechizer autant que le temps le permettoit, puis baptizer; tellement qu'il sembloit auoir attendu seulement le temps que la diuine prouidence auoit ordonné pour sauuer ceste ame.

Nous auons aussi baptizé ceste mesme année à Ozaca vn grand personnage, Seigneur d'vn Royaume. Et voicy l'vn des principaux motifs & moyens qui furent cause de sa conuersion. Depuis que Don Paul de Xinga fut banni auec les autres Seigneurs de Bungo, lors que Taico osta le Royaume à Iaschimon, il s'accosta de ce grãd Seigneur, pour l'accompagner & seruir en la guerre. Vn iour comme on parloit en sa presence de la Loy Chrestienne, se tournant vers Don Paul il luy dict. Puisque Taicosama ne veult ouïr parler de ceste loy en ses terres, ie trouuerois bon ou que vous la quittassiez du tout, ou pour le moins que vous dissimulassiez tellement, qu'il ne peut sçauoir quelle religion vous tenez. Don Paul luy respondit fort constamment. I'ay plusieurs raisons qui m'empeschẽt de ce faire. La principale, c'est l'obligation que i'ay à Dieu le Createur pour la grace qu'il m'a faict de m'appeller à sa saincte foy. Mais celle qui m'i a lie & astreint encore selon le monde, est qu'ayant esté banni à cause de Iaschimon Roy de Bungo, dés le commencement de ma conuersion, puis restabli par le moyen du Roy Frãçois, qui me cherissoit fort pour

ce seul

ce seul respect qu'il me voyoit constant en la foy, la seule memoire de tant de faueurs que i'ay receu à ceste occasion, ne me permet aucunement de retourner arriere. De là ils commencerent à discourir encore plus librement des choses de nostre foy, & ne passoit quasi iour qu'on n'en disputast en sa presence. Si bien que d'vn costé les raisons qu'on apportoit pour confirmer les mysteres de nostre Foy luy plaisoyent tant, & d'autre part il prenoit si grand plaisir à voir la constance de Don Paul, qu'il s'en vint chez nous à Ozaca pour ouïr les sermons du Catechisme; Ce qu'il fit, & ayant proposé tous ses doutes, reçeut le sainct Baptesme. Il ne se descouure pas pourtant encore, de peur d'offencer Taico: si est il neantmoins tresferme & constant en la foy. Ce qu'il monstra bien l'autre iour. Car vn grand Seigneur parlant en sa presence mal des Chrestiens, il luy dict tout hault. Pardonnez moy s'il vous plaist, vous monstrez bien ne sçauoir guiere, puis que si legerement vous parlez mal de chose si excellente, tant conforme à la raison, & tant prisée par les plus sçauans, les plus grands, & les plus nobles. Il le rembarra de plus si viuement, qu'oncques depuis personne n'a eu hardiesse de parler mal des Chrestiens en sa presence.

Nous auons aussi baptizé le beau-frere de Bigen Saixio Seigneur de trois Royaumes, nômé Camodono, qui est le plus grand & puissant Seigneur de tous ces quartiers, & tant aymé que nous esperons par son moyen conuertir bon nombre de gens au Royaume de Bigen.

A esté pareillement baptizé à Ozaca vn ieune Seigneur

Seigneur fils d'vn grand Prince nommé Iennai surintendant de tous les edifices que Taico faict dresser à Ozaca. C'est le Seigneur qui nous fit tant de trauerses à Xiqui & Amacusa, lors qu'il alloit à Fingo par le cõmandement de Taico, ne pensant pour lors à rien moins qu'à voir son fils aisné Chrestien, comme il est à present.

Il y a plusieurs autres Gentil-hommes, soldats, & officiers des royaumes de Bigen, & des voysins, subiects au Roy d'Amangucchi, qui ont ià commencé à ouyr les sermons, & se disposent de iour en iour à receuoir le sainct Baptesme, estãt ià libres & affrãchis des trauaux continus qu'ils prenoyent à faire diuers preparatifs pour donner du passetemps aux Ambassadeurs de la Chine.

D'ozaca on visite les Chrestiens voysins, baptizez du temps que Iuste Vcondono estoit Seigneur du fort de Tacatucqui, & autres terres, où il y a plusieurs lieux tous de Chrestiens, plusieurs autres où il y a meslange de Payens. Neantmoins les Chrestiens sont si feruens que chacun s'en estonne. Tous les Võdredis le Caresme ils s'assemblẽt de leur propre mouuement iusques à deux & trois cens en l'Eglise, & se disciplinent iusques au sang en presence des Payens mesmes qui accourent de tous costez pour les voir. Le mary y a quelquesfois rencontré sa femme, qui sans son sçeu auoit porté sa discipline, & puis s'estoit meslée parmi la procession, la face couuerte, comme ils font tous, conuertissans par ce rare exemple vn grand nombre de Payens.

L'esté passé arriua vn cas à Ozaca par lequel ie veux finir la presente, comme par celuy qui me semble

ſemble le plus eſtrange de tous ceux que i'ay racompté iuſques icy. Vn Payen habitant d'Ozaca, achepta deux filles Chreſtiennes natiues du royaume de Bungo, leſquelles au pillage dudict royaume, auoyent eſté faictes eſclaues d'vn autre Payen. L'intention de ce vilain eſtoit de les expoſer toutes deux, & s'enrichir par vn ſi ord & ſi ſale gain. Dequoy les filles eſtoyent en extreme peine, tant pour eſtre libres de race, comme pour voir leur honneur & ſalut en ſi grand danger. La plus aagée qui eſtoit de dix & ſept à dix-huict ans, ſe reſolut de mourir pluſtoſt que faire breſche à ſon honneur: & quoy que ſon maiſtre la fit tres-bien veſtir, afin que les habits accreuſſent de plus en plus la grace de ſa beauté, elle ſe recommandoit à Dieu, luy demandant grace pour ſe garentir, & ne l'offencer iamais. A quoy elle eſtoit ſi bien reſoluë, que ſe trouuant expoſée à la mercy d'vn Payen qui entra dans la chambre pour la violer, non ſeulement elle ne luy donna ſigne aucun de vouloir conſentir à ſa peruerſe volonté, ains apres l'auoir prié la larme à l'œil, de ne luy faire tort, voyant qu'il ne vouloit condeſcendre à ſa requeſte, elle ſe mit ſur ſa deffenſiue, & à coups de poings, & à belles dents ſe garantit. Le maiſtre qui ouït le bruit y accouruſt, & s'enquerant que c'eſtoit, la fille luy reſpondit; ie ne ſuis pas de celles qui vous veulent ſeruir en ceſt infame eſtat: ie ſuis Chreſtienne, & noble de race: ie mourray pluſtoſt que de commettre vn tel peché contre mon Dieu & mon honneur. Oſtez vous hardiment ce vain eſpoir de la teſte. Le ruffien demeura bien camus; & ce vilain maiſtre ſi

choſe

choleré qu'il se lassa à charger de coups la pauure fille, sans la pouuoir induire à ce qu'il pretendoit. Puis il la menassa de mort : si ne fleschit elle pas pourtant. Il la mena vne nuict pres d'vn gibbet, lieu non moins horrible que puant, & l'espée en main iura qu'il l'a feroit mourir si le iour suyuant elle n'obeïssoit à ce qu'il desiroit. Le iour venu ce mal-heureux commença à tenter le cœur de ceste fille, laquelle plus resoluë que iamais, repliqua ses protestations, affermant qu'elle mourroit plustost que de fleschir. Dequoy cest aueugle indigné plus que iamais, & comme enragé, se mit en deuoir de luy oster la vie. La pauure fille se iette à genoux, recommande son ame à Dieu, & tend le col à ce bourreau, qui du premier coup luy aualla la teste, & puis la ietta dãs la fosse où lon met les iusticiés. Telle fut la fin de ceste vertueuse fille, qui ayma mieux mourir qu'offencer Dieu. Ainsi l'auons nous apprins par le rapport de sa compagne natiue de Bungo, qui le dict en presence d'vn Gentil-homme Chrestien du royaume de Cunquocu nommé Cumagaidono, le priant de la deliurer du pareil danger auquel elle se voyoit. I'ay bien pareille foy, disoit elle, & non moins de volonté de sauuer mon honneur & mon ame, mais ie ne sçay si i'auray bien la force & constance d'endurer la mort. Ce bon Seigneur estoit en chemin pour aller à Meaco, & promit à la fille que repassant il la mettroit en liberté. Nous attendons qu'on nous mande & la fin du combat de celuy, & le nom de l'autre, auec le reste des particularitez, pour en certiorer vostre paternité par les prochaines lettres.

Nous

Nous eussions bien peu coucher icy plusieurs autres choses, trespropres pour l'edification : mais nous auons eu crainte d'estre trop prolixes; & partant nous sommes contentez d'auoir remarqué les principaux poincts. Ce que nous desirons & demandons de tout nostre cœur à vostre paternité, est qu'elle se daigne, comme elle a faict iusques à present, ietter les yeux de sa paternelle affection, sur ces prouinces tant escartées de l'Europe, aydant par voz saincts Sacrifices & oraisons, voz petits enfans en nostre Seigneur, & leur enuoyant tel nombre de compagnons, que requiert la belle moisson. Nous le souhaittons tous, esperans que le nombre des ouuriers estant plus grand, le fruict croistra d'autant plus, & le trauail en sera plus supportable. Dieu nostre Seigneur conserue vostre paternité en sa saincte grace. Amen.

Du port de Nangasaqui le trezieme iour de Decembre 1596.

De vostre Paternité.

Fils & seruiteur en nostre Seigneur.
Louys Froës.

www.ingramcontent.com/pod-product-compliance
Ingram Content Group UK Ltd.
Pitfield, Milton Keynes, MK11 3LW, UK
UKHW021121220726
13924UKWH00004B/1841